가상학(家相學)

좋은 집을 고르기 위한 풍수인테리어

차례

Contents

03 들어가며 09 택지선정, 어떤 땅을 고를까? 32 주택의 중심
과 방위 48 돌출과 함몰 60 주택의 형태와 주변 환경 79 방
의 배치 101 주변 시설과 풍수 108 가상학을 이용한 개운술

들어가며

　가상학(家相學)은 말 그대로 집(家)의 생김새(相)를 연구하는 학문이다. 관상이 얼굴을, 수상이 손을 연구 대상으로 삼듯 가상은 집을 연구 대상으로 삼는다. 즉, 집이 어떻게 생겼고 어떤 식으로 배치·설정되어 있는 지를 살펴 운세의 좋고 나쁨을 연구·판단하는 것이다.

　풍수는 두 가지 종류가 있다. 일반적으로 묏자리를 대상으로 삼는 풍수는 '죽은 자를 위한 풍수'로 '음택(陰宅)'이라고 부르며, '산 자를 위한 풍수'에 해당하는 것이 '양택(陽宅)'이다. 음택이 묏자리를 대상으로 삼는다면, 양택은 산 사람을 위한 주택을 대상으로 삼는다. 이것을 '가상학'이라고 부르기도 한다.

　풍수는 장풍득수(藏風得水)를 줄인 말로 '바람을 가두고 물을 얻는다.'라는 의미로 표현할 수 있다. 바람은 기(氣)의 흐름이고 물은 바탕 또는 근본(素)에 해당하는데, 바람이 있어야 호흡을 할 수 있고 물이 있어야 신체를 유지할 수 있다. 즉, 풍수지리학이란 보다 쾌적하고 건강하게 살 수 있는, 또는 보다 쾌적하게 시신을 유지할 수 있는 방법을 연구하는 것이다.

　음택은 죽은 사람을 위한 것이고 양택은 산 사람을 위한 것이니 상반되는 느낌이 들 수 있지만 '터'를 선별한다는 점에서 보면 기본적인 이론에는 큰 차이가 없다. 음택풍수에서는 기본적으로 다음과 같은 사항들을 살펴본다.

　① 용세론(龍勢論) : 자연의 생기를 받는 용맥이 어떻게 형성

되어 있는지 살펴보는 것.

② 혈세론(穴勢論) : 생기가 어느 곳에 어떻게 형성되어 있는지, 또는 어떤 식으로 흩어져 있는지 살펴보는 것.

③ 사세론(砂勢論) : 생기를 보호하는 산이나 언덕이 어떤 식으로 형성되어 있는지 판단하여 그 소통관계를 살펴보는 것.

④ 수세론(水勢論) : 생기를 낳고 보호하는 물줄기가 어떤 식으로 이루어져 있는지 판단하여 그 소통관계를 살펴보는 것.

⑤ 향법론(向法論) : 방향과 방위를 활용하여 어느 쪽에 어떤 것이 자리 잡아야 하는지 그 위치를 살펴보는 것.

이것들은 풍수에서 가장 중요하므로 '용(龍), 혈(穴), 사(砂), 수(水), 향(向)'이라고 하며, 지리오결(地理五訣)이라 부른다. 이것은 양택풍수건 음택풍수건 마찬가지로 적용된다.

우리는 음택풍수를 매우 중요하게 생각하여 조상을 편안하게 모시기 위해 매우 신중한 노력을 기울인다. 그러면서도 실질적으로 산 사람이 쾌적하게 살아야 할 양택풍수에는 큰 관심을 기울이지 않는 편이다. 하지만 사실은 양택풍수가 음택풍수보다 더 중요하다. 산 사람의 생기를 다루는 작업이기 때문이다.

예를 들어보자. 인간은 태어난 이후에 죽는다. 즉, 세상에 태어났으면 먼저 살아야 할 장소를 정해야 한다. 그것이 동굴이건, 바닷가건, 또는 산속이건 일단 머무르면서 생활할 수 있는 공간을 확보해야 한다. 이동하면서 생활하는 경우에도 자리를 옮겼으면 가장 먼저 밤에 잠을 잘 곳을 정해야 한다. 이것이 양택풍수다. 이후에 누군가가 죽으면 동물이나 해충들이 근접하지 못하도록, 시신을 가장 안전하게 보존할 수 있는 장소를 생각한다. 이것이 음택풍수다. 따라서 굳이 우선순위를 논하자면 양택풍수가 우선되어야 할 것이다. 물론, 우리가 현재 생활하고 있는 환경에서도 마찬가지다.

실질적으로 양택풍수는 사람이 생활하는 데에 직접적으로 영향을 끼치기 때문에 즉각적인 효과가 나타나는 풍수이론이다. 반면 음택풍수는 죽은 사람을 매장하여 그 시신이 피해를 입지 않고 온전히 자연으로 돌아갈 수 있기까지 상당한 기간이 필요하기 때문에 효과 역시 느리게 나타난다.

따라서 음택풍수건 양택풍수건 동일한 관점으로 다루어야 하며, 오히려 양택풍수에 더 세심한 신경을 써서 사람이 살기에 적절한 장소에 터를 잡아야 한다. 이렇게 적절한 장소에 터를 잡아 집을 짓고 인테리어를 꾸미는 것을 따로 '가상학'이라고 표현하기도 한다. 그리고 가상학이라는 관점 안에 '풍수 인테리어'라는 관점이 자리를 잡게 되었으며, 이것은 이미 서양에서도 널리 활용하고 있다.

양택풍수에서 가장 중요하게 여기는 부분은 '향(向, 방위)'이다. 그리고 삼요(三要)라고 하여 대문·안방·주방을 중요한 구성요소로 보는데, 특히 대문은 기(氣)가 드나드는 곳이기 때문에 주택을 살필 때 가장 중시하는 부분이다.

여기에 가장과 주택의 인연관계를 살피는 '명궁(命宮)'을 더하고 주택의 기본적인 생김새를 살펴보는 '조옥(造屋)'을 포함하고 수도나 조경 등을 살피는 '조원(造園)'을 더하면 양택풍수의 기본적인 판단이 끝난다.

물론, 토질이나 각 방의 배치, 지붕, 천장, 계단 등 세부적인 내용은 다양하게 존재하지만 무엇보다 중요한 것이 향과 삼요다. 그리고 가장이 느끼는 땅의 기운, 즉 기가 잘 형성되어 있다면 기본적으로는 좋은 집이라고 할 수 있다.

좋은 집은 지기(地氣)가 활발하게 움직인다. 그렇기 때문에 인간이 뛰어내려서 목숨을 잃지 않을 높이, 즉 3층 정도가 가장 적당하다. 요즘에는 아파트에서 생활하는 사람들이 많이 있지만 풍수적으로 볼 때 고층아파트는 바람직한 주택이 아니다. 특히 고령자나 임산부가 고층아파트에서 생활하는 것은 건강에도 도움이 되지 않고 정신적으로도 안정감을 얻기 어렵다.

이런 부분들을 잘 조합하여 자신에게 맞는 주택을 선정하면 정신이 안정되고 신체의 생기가 활발하게 돌아가면서 자연스럽게 운이 열리게 된다. 따라서 가상학은 '개운(開運)'과도 깊은 관련이 있다.

양택풍수는 자연과 조화를 이루는 쾌적한 삶을 추구하는 것

이며, 양택풍수를 적용하면 살기 좋고 편안한 집에서 생활하여 결국 운과 연결되는 결과를 낳는다. 이왕이면 밝고 쾌적하고 마음이 편안한 좋은 집에서 살아보자.

택지선정, 어떤 땅을 고를까?

오실과 오허

부지를 선정하려면 식구의 수를 생각해서 어느 정도 규모를 선택할 것인지 확정지어야 한다. 두 식구가 살 주택 부지를 선정하면서 수천 평을 생각할 수는 없다. 이와 관련하여, 부지 선정 이전에 알아두어야 할 '오실오허(五實五虛)'에 관하여 소개하기로 한다.

오실오허란 다섯 가지의 실한 상황과 다섯 가지의 허한 상황으로 풍수 문헌인 『황제택경』에 소개되어 있다. 오실에 해당하는 주택에서 생활하는 사람은 정신적으로 안정을 유지할 수 있

고 집안이 화목하며 부와 귀를 움켜쥘 가능성이 높다. 반면, 오
허에 해당하는 주택에서 생활하는 사람은 반대에 해당한다.

오실

작은 집에 많은 식구

집은 생기가 넘쳐야 한다. 생기가 활기를 낳고 활기가 활력
을 낳는데, 그 근본은 사람의 체취와 음성이다. 한편, 식구들은
자주 얼굴을 볼 수 있어야 서로의 기가 상통하고 화목을 유지
할 수 있다. 따라서 비록 작은 집이라도 그 집에 여러 식구가 살
면서 항상 서로의 온기와 체취를 느낄 수 있다면 이것은 사람
이 주택을 살리는 형국이 되어 실한 주택이라고 판단한다.

집에 비하여 작은 대문

주택을 건축할 때에 참고해야 할 사항 중 하나기도 한데, 집은 안쪽으로 들어갈수록 넓어지는 것이 좋다. 이것을 전착후광(前窄後廣)에 해당한다고 본다. 대문은 집으로 들어가는 관문이다. 대문이 작으면 주택 내부가 외부에 드러나지 않아 기가 흐트러지지 않기 때문에 기본적으로 안정을 유지할 수 있고 개인의 운세를 평온하게 유지할 수 있다. 집보다 대문이 큰 경우에는 주택과 외부의 관계가 불투명해지고 주택이 외부에 노출되어 기가 흐트러지면서 운세가 안정되지 않는다.

반듯하게 형성된 담장

담장은 외부와 집을 구별해주는 역할을 한다. 따라서 누가 보

더라도 반듯하게 정비되서 구별이 뚜렷하고 정확해야 한다. 또, 영동과 영서 지방이 태백산맥에 의해 전혀 다른 날씨를 보이듯, 주택의 담장은 일종의 산맥과 같은 역할을 담당하기 때문에 안정감이 있고 튼튼해 보이는 형태로 이루어져야 한다. 한마디로 주택과 외부의 경계선이기 때문에 선이 비뚤비뚤하거나 허술하면 당연히 주택에도 영향이 미치게 된다.

동식물이 잘 자라는 작은 집

식물은 흙이 좋고 볕이 잘 들어야 잘 자란다. 이것은 택지가 안정되어 있고 흙이 적당한 수분을 머금고 있다는 뜻이다. 동물은 육감이 잘 발달되어 있다. 이것은 사기(邪氣)나 악기(惡氣)가 없어서 안정감 있게 활동할 수 있다는 뜻이다. 결국, 살기 좋은 환경이라는 것이다. 택지가 넓다고 해서 반드시 동식물이 잘 자라는 것은 아니다. 택지의 조건에 빼놓을 수 없는 것이 볕과 토양의 질, 그리고 수분이다. 동식물도 생물인 만큼 잘 자란다는 것은 살기에 좋은 환경이라는 뜻이다.

동남쪽으로 흐르는 물줄기

음택풍수에서는 물줄기의 흐름을 매우 중시한다. 양택에서도 배산임수(背山臨水)라 하여 뒤쪽에 산이 있고 앞에 물이 있는 택지를 좋은 택지로 본다. 따라서 집 앞에 물살이 빠르지 않

은 물줄기가 동남쪽으로 흐른다면 더할 나위 없이 좋다. 물줄기
의 흐름은 기의 흐름으로 보는데, 집 앞에서 일단 물줄기가 모
였다가 동남쪽으로 흘러가면 기의 흐름 역시 집안에 충분히 전
달된 이후에 빠져나가는 것이기 때문에 이런 집은 밝은 기가
충만하다고 판단한다. 도시에서는 당연히 물줄기가 흐르는 장
소에 집을 얻기 어렵다. 그럴 경우에는 도로를 물줄기로 대신하
여 판단한다.

오허

넓은 집에 적은 식구

오실과 반대되는 개념이다. 집은 넓은데 식구가 적은 집은
사람의 온기가 충분히 채워지지 않아 빈 것 같은 느낌을 준다.
집이 너무 넓으면 식구 중 누군가가 밤에 갑자기 급병에 걸린
다고 해도 다른 식구들이 깨닫기 어렵다. 즉, 식구들 사이의 유
대관계가 멀어지는 역할을 하기 때문에 적은 식구에 넓은 집은
흉상으로 보며 오허의 하나다. 또, 생기가 서로 교차되는 일이
없기 때문에 자신만의 기가 응축되어 '은둔형 외톨이'처럼 정
신적으로 편협한 식구가 나올 가능성도 높다.

담장이나 창문이 없는 집

외부와 집을 구별해 주는 역할을 하는 것이 담장이다. 그런데 담장이 없다면 옷을 전혀 걸치지 않고 휑한 벌판에 서 있는 격이기 때문에 주변의 모든 흉살에 노출된다. 당연히 도둑이 들기도 쉽고 생활할 때에도 안정감을 느낄 수 없다. 한편, 창문이 없다는 것은 기가 통할 입구가 없다는 의미다. 즉, 적당한 통풍이 이루어지지 않는다는 것이다. 이것 역시 밝고 깨끗한 공기를 유지하기 어렵다. 이런 집에서 살면 기가 흩어져 안정을 얻을 수 없다. 따라서 담장이나 창문이 없는 집은 흉상이며 오허에 해당한다.

작은 집에 큰 대문

집에 비하여 문이 너무 크다면 담장이 없는 집과 다를 것이 없다. 기의 소통이 원활한 것과 기가 흐트러지기 쉬운 것은 다른 의미다. 내부에서는 기의 소통이 전체적으로 이루어져야 하지만, 외부와의 소통은 좁은 문을 통하여 이루어져야 내부의 기가 흐트러지지 않고 순차적으로 바뀌게 된다. 집은 작은데 대문이 큰 경우는 기의 변화가 극심하기 때문에 안정감을 얻을 수 없고 그 결과 바람직한 결실을 거두기 어렵다.

넓은 대지에 작은 건물

건물과 대지의 비율은 1:1.5 정도가 가장 적당하다. 그래서
택지를 선택할 때에는 가로세로의 비율이 2:3, 또는 3:4를 적당
하다고 본다. 집을 지은 뒤에 남는 마당이 집에 비하여 1:0.5정
도가 되기 때문이다. 만약 집에 비하여 마당이 너무 넓은 경우
에는 마당이 집에 속한 존재가 아니라 집이 마당에 속한 존재
가 되어 집안에서 생활하는 사람들이 주축을 이루기 어렵고, 현
관문을 여는 순간 마치 외부와 직접 연결된 듯 공허할 수 있다.
따라서 대지와 건물은 적당한 비율을 유지해야 안정감을 느낄
수 있고 기의 흐름도 좋아진다.

마당 한가운데의 우물

요즘에는 보기 어렵지만 마당 한가운데에 우물이 있으면 기
가 우물 속으로 빠져 들어가는 역할을 하여 생기를 잃는 집이
된다고 생각했다. 이 말은 마당에 함부로 연못 따위를 조성해서
는 안 된다는 의미기도 하다.

물은 일단 모였다가 흘러나가야 기의 흐름을 살려준다. 그런
데 마당에 물이 고인 장소를 만들면 그쪽으로 기가 쏠려 정체
되기 때문에 생기(生氣)를 사기(死氣)로 만드는 역할, 즉 살아
있는 기를 죽은 기로 만드는 역할을 한다. 따라서 마당에는 함
부로 연못 따위를 조성해서는 안 된다.

택지 선정의 기본 원칙

택지를 선정할 때에는 기본적으로 볕이 잘 들어야 하고 통풍이 좋아야 한다. 볕이 잘 들어야 생기에 힘이 실리고 통풍이 좋아야 기가 정체되지 않기 때문이다. 또, 비탈이나 요철이 많고 웅덩이 같은 것이 존재한다면 자연스럽게 불안감이 느껴질 것이다. 따라서 안정감을 느낄 수 있는 평평하고 기울지 않은 택지여야 한다.

한편, 현대사회는 교통과의 연관성도 신중하게 고려해야 한다. 아무리 택지가 좋다고 해도 교통이 불편하면 활동성은 떨어질 수밖에 없고 그만큼 위축된 생활을 해야 하기 때문이다. 그리고 주변의 경치와 풍광이 어느 정도 갖추어져 있어서 시야가

확보되고 시야 안에 멋진 전경이 자리 잡고 있어야 평온한 정신을 유지할 수 있다. 이런 부분들을 감안하여 택지를 선정할 때, 반드시 참고해야 하는 몇 가지 내용을 정리해보자.

사신조화(四神調和)

음택에서는, 뒤로 수목이 풍성하고 완만하며 안정감이 있는 주산(主山)과 현무봉(玄武峰)이 위치해 있고, 좌우 양쪽으로 청룡(靑龍)과 백호(白虎)가 터를 감싸듯 부드럽고 완만하게 굽어져 있으며, 앞으로는 넓은 들판과 저 멀리에 안산(案山)과 조산(祖山)이 안정감 있게 바라보이는 혈지를 사신(四神: 청룡, 백호, 주작, 현무의 사방)이 조화를 이루었다고 본다. 전원주택 등을 짓는 경우 이것을 그대로 적용하면 되지만 도시에서는 이런 환경을 찾기 어렵다. 따라서 주산과 현무봉은 널찍하고 무게감 있는 건물, 청룡과 백호는 도로를 따라 이어져 있는 완만한 능선의 건물. 앞의 넓은 들판은 광장 같은 훤한 공터, 안산이나 조산은 멀리 보이는 널찍하고 무게감 있는 건물로 생각하면 된다.

배산임수(背山臨水)

배산임수는 '뒤에 산이 있고 앞에 물이 있다.'라는 뜻으로, 뒤쪽에는 안정된 느낌이 드는 믿음직한 산이 있고, 앞쪽에는 물줄기가 굽이쳐 흐르는 듯한 모양새를 갖춘 터가 좋다는 의미다.

17

도시 환경에 비유한다면 뒤쪽이 약간 높고 앞쪽은 광장이 있는 위치를 가리킨다.

북고남저(北高 南低)

일반적으로 집이 남향인 경우, 북쪽은 후방을 가리키며 남쪽은 전방을 가리킨다고 생각하면 된다. 하지만 반드시 집을 남향으로 지을 수는 없고, 남향이 가장 좋다고 말하기도 어렵기 때문에 '북'을 후방, '남'을 전방으로 이해하면 된다. 즉, 뒤쪽이 높고 앞쪽이 낮은 것이다. 이것은 배산임수와 비슷한 의미가 있다.

도시의 경우, 뒤쪽에는 약간 높은 건물들이 있어야 좋고 앞쪽에는 낮은 건물이나 도로, 광장이 있어야 시야가 탁 트이고 뒤쪽의 안정감을 느낄 수 있다. 이와 반대라면 시야가 막히고 뒤쪽이 허전해서 안정감을 얻기 어렵다.

좌북조남(坐北朝南)

좌북조남은 '북쪽을 등지고 앉아 남쪽을 바라본다.'라는 의미다. 북쪽이 집의 뒤편에 해당하고 남쪽은 전면부에 해당하는데, 이 내용은 기본적으로 남향집을 가리킨다. 남향집은 일단 볕이 드는 시간이 길기 때문에 집 전체가 따뜻하고 뒤쪽(북쪽)의 찬바람과 한기를 막아주어 아늑한 느낌이 든다. 단, 상황에 따라 달라지기 때문에 반드시 남향집이 좋다고 말하기는 어렵다.

풍광수려(風光秀麗)

풍광수려는 말 그대로 '경치가 깨끗하고 수려해야 한다.'라는 의미다. 도시로 비유하면, 이곳저곳 높이가 들쭉날쭉한 건물들이 서 있는 것이 아니라, 잘 정돈된 듯 안정감이 느껴지는 분위기를 갖추고 있으면서 지저분하거나 음침하지 않은 장소가 좋다는 의미다.

음양상배(陰陽相配)

산세가 힘차게 달려 집터로 모이고 물줄기가 굽이쳐 돌아 집터를 감싸는 모양으로, '음과 양이 서로 조화를 이루고 있다.'라는 의미다. 도시로 비유하면, 건물들이 원만한 곡선을 이루면서 뒤쪽에는 높은 건물로 시작하여 앞쪽으로 가면서 낮은 건물이 집터를 감싼 모습을 말한다. 또, 넓은 도로가 집터 바로 옆이 아닌 양쪽 주변에 약간 떨어져 위치해 있으면서 그것들이 집터 앞쪽에서 만나 광장을 이룬 모습이 물줄기가 굽이쳐 돌아 집터를 감싸는 모양에 해당한다. 이 두 가지 조건이 잘 갖추어져서 음양이 잘 배합된 느낌이 드는 집터가 길한 양택이다.

수구관쇄(水口關鎖)

수구관쇄는 굽이쳐 들어온 물이 즉시 빠져나가지 않고 집터 앞에 모여 한동안 머무르다가 천천히 빠져나가는 상태를 의미한다. 이런 식으로 관쇄가 되어 있어야 물살의 속도가 조절되고 늘 일정한 양의 물이 머무를 수 있다. 도시로 비유하면, 물과 관련된 업종들이 집터 앞의 광장에 해당하는 부분에 밀집되어 늘 수량이 일정한 양을 유지하는 것과 같다.

오행토색(五行土色)

오행토색은 흙의 색깔이 한쪽으로 치우치지 않고 적절하게 제 모습을 간직한 것을 의미한다. 즉, 진흙·찰흙·황토 등 이미 기를 잃은 흙이 아니라, 적당히 말라 있으면서도 약간의 수분을 머금고 색깔도 골고루 섞여 깨끗하고 건강한 느낌이 드는 흙을 가리킨다. 도시로 비유하면, 개천을 덮어 대지로 복구한 지역이나 매립지 등이 아니라 깨끗하고 단단한 안정감 있는 터가 여기에 해당한다.

주변사격(周邊砂格)

사격은 혈의 전후좌우에 있는 모든 산과 바위를 가리키며, 주변사격은 '주변에 좋은 사격이 갖추어져 있어야 한다.'라는 의미다. 음택풍수에서는 귀인봉, 문필봉, 일자문성 등 길한 사격이 감싸주면 좋은 터라고 이야기하는데, 양택풍수에서는 집터 양쪽이 너무 허전하지 않도록 적당히 감싸주는 건물들에 해당한다. 단, 건물들이 너무 높거나 들쭉날쭉해서 보기에 흉하다면 좋은 사격에 해당하지 않는다.

전저후고(前低後高)

'뒤쪽은 안정감을 느낄 수 있도록 병풍처럼 막아주는 역할을 해주는 것이 좋고, 앞쪽은 시야가 훤히 트일 수 있도록 훤히 열려 있는 곳이 좋다.'라는 의미다. 만약 뒤쪽이 낮다면 불안감이 들고 앞쪽이 막혀 있다면 답답할 것이다. 그런 상황을 적절하게 표현하는 말로 '북고남저'가 있다.

전착후관(前搾後寬)

'앞은 좁고 뒤는 넓다.'라는 뜻으로, 앞쪽의 좌우 길이보다 뒤쪽의 좌우 길이가 좁으면, 전면이 노출되고 후면은 안정감이 들지 않기 때문에 나쁘다고 본다. 즉, 앞쪽의 폭이 뒤쪽의 폭보다 좁아야 안정감이 있고, 주택을 건축했을 때에도 안으로 들어갈수록 시원하면서도 아늑한 느낌이 들 수 있다. 이는 주택에도 적용되는데, 대문이 좁고 집이 커야 안정감이 있다. 집에 비해서 대문이 너무 크면 기의 흐름과 교체가 지나치게 빨라서 불안정하다.

주변의 도로와 택지의 관계성

음택에서 수기(水氣)란 강이나 개천에 해당하는데, 양택에서는 도로에 해당한다. 음양의 관계로 살펴보면, 움직이는 존재와 움직이지 않는 존재의 대비를 생각하여 자동차 등이 움직이는 도로가 양에 해당하고, 움직이지 않는 택지가 음에 해당한다.

음택의 수기를 도로에 비유하는 이유는 사람이나 자동차 등의 흐름이 물살의 흐름과 같다고 보기 때문이다. 음택에서 너무 빠른 물살은 좋지 않게 판단하듯 양택에서도 지나치게 큰 도로나 너무 좁은 도로는 나쁘게 본다. 바람직한 도로는 다음과 같다.

택지의 정면과 평행을 이루는 도로

택지 정면에 요철이나 경사가 없이 평평하고 반듯한 도로가

평행을 이루고 있으면 길한 도로로 본다. 물살은 기본적으로 재물로 본다. 즉, 요철이 있으면 물살이 바위에 부딪혀 막힘이 많은 형국이고 경사가 심하면 머무를 시간도 없이 흘러가버리기 때문에 주택에 운을 안겨주는 것이 아니라 오히려 휩쓸어가는 결과를 낳아 길상으로 보기 어렵다. 따라서 도로는 가능하면 경사가 적고 요철이 적은 평평한 형태를 이루고 있어야 한다.

택지를 감싸고 굽은 도로

음택에서는 물줄기가 혈지를 감싸듯 완만하게 굽어 있으면 금성수(金星水)라고 하여 부를 누릴 수 있는 좋은 위치라고 판단한다. 마찬가지로 양택에서도 강이나 개울이 있는 지역에 집을 건축할 경우 이 부분을 매우 중시하는데, 도시에서는 도로가 택지를 감싸듯 완만하게 굽어 있으면 길상으로 본다. 이 경우에도 요철이나 경사가 적을수록 좋다.

폭이 너무 넓거나 좁지 않은 도로

택지와 도로의 관계는 음양의 관계기 때문에 조화를 이루어야 한다. 따라서 택지보다 너무 좁은 도로는 불안정하고, 너무 넓은 도로는 공허한 느낌을 준다. 음양이 조화를 이루듯 택지의 넓이와 균형을 이루고 적당한 폭으로 이어진 도로여야 길상이다.

택지보다 낮은 도로

도로는 택지보다 낮아야 한다. 그래야 택지의 배수가 원만하게 이루어지고 도로에서 배출되는 소음, 먼지, 매연 등의 피해를 줄일 수 있다. 상식적으로 생각하더라도 도로가 택지보다 높으면 도로를 머리에 이는 것과 같아 안정감을 느끼기 어렵다. 이런 경우 풍수에서는 스스로 땅속으로 파고들어가는 것과 같아 사기(死氣)가 흐르는 집으로 본다. 이런 집에서 생활하면 사람이 음침해지고 소극적이거나 부정적인 성격으로 바뀐다. 따라서 택지는 반드시 도로보다 높아야 한다. 한편, 다음과 같은 도로들은 피해야 한다.

택지 뒤쪽에 있는 도로

도로가 택지 뒤쪽에 있으면 도로와 택지가 서로 등진 것과 같다. 양택풍수에서 도로는 활발한 움직임이 있기 때문에 양으로 보고 택지는 조용히 앉아 있는 형국이기 때문에 음으로 보는데, 택지 뒤에 있는 도로는 결국 음과 양이 서로 등을 돌린 것과 같아서 음양의 조화를 이루기 어렵기 때문에 가족화합과 재물형성에 많은 장애가 발생한다.

경사진 도로

상식적으로 생각하더라도 택지가 경사진 도로 옆에 있으면 안정감이 들지 않는다. 하지만 풍수적으로는 그보다 더 안 좋은 의미가 있다. 앞에서 도로는 양과 물(재물)에 해당한다고 설명했는데, 결국 양의 기운이 머무를 시간도 없이 흘러내려가는 것이고 재물도 새어나가는 형국이기 때문에 경사진 곳의 택지는 가능하면 피하는 것이 좋다.

택지를 향해 달려오는 도로

이른바 막다른 곳에 있으면서 도로가 정면에 해당하는 택지가 여기에 해당한다. 아파트를 예로 들면, 정문 앞에 도로가 뻗어 있는 식인데, 이런 택지는 물줄기를 그대로 받아들이는 형국으로 이른바 칼을 맞는 위치에 해당한다. 따라서 예상하지 못한 질병과 사고가 발생하거나, 한 번에 큰돈을 잃게 될 가능성이 높다.

택지 앞에서 아래쪽으로 급경사를 이룬 도로

택지에서 정면을 바라보았을 때 도로가 아래쪽을 향하여 일직선으로 하향하고 있으면, '칼을 맞는다'라는 의미와 반대로 '새어나간다'라는 의미가 강한 택지다. 즉, 택지에서 기가 나와 정신없이 새어나가는 형국에 해당하기 때문에 재물을 모으기 어렵고 가족간에 화목을 이루기 어렵다.

택지보다 높은 도로

도로가 택지보다 높으면 당연히 위험한 느낌이 들고, 비라도 내리면 빗물이 택지로 쏟아져 내릴 가능성이 높다. 한편, 다른 오염물질이나 쓰레기들도 택지를 침범하기 때문에 건강 면에서 특히 나쁘고 가족의 인성이 천박해지거나 빈천한 생활을 하게 된다.

사방에서 택지를 둘러싼 도로

택지 옆에는 도로가 한두 개 있어야 물줄기(재물)가 감싸는 형국이기 때문에 좋다고 보지만, 사방이 도로로 둘러싸인 경우에는 고립, 불안, 정신적 갈등, 불화, 재물 손실 등을 가져와 매우 나쁘다고 본다.

택지의 모양과 길흉

택지를 선택할 때에는 모양도 신중하게 선정해야 한다. 기본적으로는 4:3 정도의 직사각형 모양으로 좌우가 전후보다 긴 모양이 가장 좋다. 또, 바닥이 평평해야 하고 울퉁불퉁하거나 경사가 있으면 안 된다. 좋은 택지와 나쁜 택지를 정리하면 다음과 같다.

좋은 택지

- 직사각형 모양의 택지는 집안이 화목하고 모든 일이 잘 풀리게 하여 부를 축적할 수 있다.
- 움푹 파이거나 울퉁불퉁한 요철이 없고 바닥이 평평해야 안정감이 있고 질병을 예방할 수 있다.
- 택지 앞쪽이 평평하면서 시야가 넓게 트여 있으면 발전이 있고 시간이 흐를수록 부와 귀를 얻을 수 있다.
- 택지 모양이 둥근 원형을 이루고 있으면 덕이 있고 부와 귀를 누릴 수 있다고 하여 길한 택지다.
- 직사각형의 비율이 4:3 정도로 반듯하게 잘 형성되어 있으면 귀한 인물을 낳을 수 있으며 부도 따른다.

- 정사각형의 택지로 돌출된 부분이나 함몰된 부분이 없고 바닥이 평평하면 가족이 화목하고 경제적으로도 안정을 유지할 수 있다.
- 앞쪽이 좁고 뒤쪽이 넓은 사다리꼴 모양의 택지는 전착후광에 해당하여 시간이 흐를수록 발전하는 흐름을 보이며 안정감도 얻을 수 있다. 비율은 3:4~5 정도다.
- 사각형의 택지인데 한 부분이 둥글게 또는 사각형으로 돌출되었다면, 돌출된 방위에 해당하는 사람이 큰 부나 귀를 이룰 수 있다.

나쁜 택지

- 여기저기 모난 곳이 많아 형태를 쉽게 알아보기 어려운 택지는 예상하지 못한 재앙이 발생할 가능성이 높고 장애가 많아 번창하기 어렵다.
- 모난 곳과 반대로 여기저기 파인 택지 역시 갑작스러운 사고, 장애 등에 의해 집안에 우환이 끊이지 않는다. 한두 곳 정도가 돌출되거나 함몰되었다면 큰 문제가 없지만, 서너 개 이상이 된다면 그 부분을 잘라내어 나무를 심는 등의 조치를 취해야 한다.
- 바닥이 기울어서 경사진 택지는 성토나 복토를 하여 기가 어느 정도 자리 잡은 뒤에 주택을 지어야 한다. 이런 땅은

좋은 택지	나쁜 택지
• 바닥이 평평하고 볕이 잘 드는 땅. • 통풍이 잘 되는 땅. • 북쪽이나 서북쪽에 산 또는 언덕(도시에서는 건물)이 있고, 뒤쪽으로 갈수록 산 또는 언덕이 서서히 높아지는 땅. • 동쪽, 동남쪽, 남쪽의 시야가 훤히 열려 있으면서 동쪽에 강(도시에서는 큰 도로)이 보이는 땅. • 동식물이 잘 자라는 땅. • 습기가 적고 적당히 건조된 땅. • 택지에 서 있을 때 기분이 좋고 안정감이 느껴지는 땅. • 도로와 평행을 이루는 땅.	• 산을 절개하여 만든 땅. • 골짜기나 계곡을 메워 만든 땅. • 큰 나무가 서 있던 땅. • 바위나 돌이 많은 땅. • 진흙 등이 많은 땅. • 수분이 너무 없어서 먼지가 많이 나는 땅. • 동쪽, 동남쪽, 남쪽으로 산 또는 언덕(도시에서는 건물)이 있고, 뒤로 갈수록 산 또는 언덕이 높아지는 땅. • 강(도시에서는 큰 도로)으로 둘러싸인 땅. • 바로 옆에 매우 큰 건물이 있는 땅. • 근처에 철탑 등 위험한 존재물이 있는 땅. • 주변에 공해시설, 혐오시설이 있는 땅. • 종교시설, 묘지, 웅덩이, 습지, 폐허, 매립지였던 땅. • 산의 정상 근처, 경사가 심한 지역, 강이나 연못 주변의 땅. • 삼각형, 또는 다각형 모양인 땅. • 축사였거나 재해, 사건이 발생한 장소였던 땅. • 도로가 끝나는 막다른 곳에 있는 땅. • 주변에 집이 없고 동떨어져 있는 땅. • 바로 옆에 큰 도로가 있는 땅. • 사방이 도로로 둘러쌓인 땅.

좋은 택지와 나쁜 택지 비교

가세가 기울고 식구들이 서로 신뢰하지 않아 매우 안 좋은 택지로 본다.

• 앞쪽이 넓고 뒤쪽이 좁은 사다리꼴 모양의 택지는 전광후착(前廣後窄)이라고 하여 식구들의 사치와 허영이 심해지

고, 겉은 그럴 듯하지만 실속이 없는 생활을 하게 된다.

• 택지가 삼각형 모양이면 마치 세 개의 칼날이 각 방위를 찌르는 형국이기 때문에 살기(殺氣)가 충만해서 경제적 손실이 크고 안정을 얻기 어렵다.

• 택지의 좌우가 전후보다 길면 마당을 좌우에 만들어야 하기 때문에 주택에 안정감이 없고, 주택 자체를 외부에 드러내는 결과를 낳아 가난을 면하기 어렵다.

• 좌우 또는 앞과 옆, 옆과 뒤처럼 사각형 두 변의 길이가 달라서 이지러진 듯한 느낌이 드는 택지는 식구들이 서로 반목하고 뜻이 맞지 않아 발전하기 어렵다.

주택의 중심과 방위

주택의 좌향을 잡는 방법

좋은 집을 고르려면 우선 주택이 어느 쪽을 향해 서 있는 건물인지 확인해야 하는데 이것을 좌향(坐向), 즉 '앉아 있는 방향'이라고 부른다. 주택의 좌향을 정확하게 확인하려면 나경패철이라는 나침반을 사용해야 한다.

먼저 주택 주변의 건물과 도로를 살핀다. 음택에서는 주변의 산세를 보고 혈 자리가 명당인지 흉당인지를 살핀다. 양택에서도 전원주택 등을 지을 경우 음택과 마찬가지 방법을 이용하지만 도시주택인 경우에는 산을 대신해서 건물을 살핀다. 또, 음택에서는 산세와 함께 수기(水氣), 즉 물을 살피는데 도시주택인 경우에는 도로를 살핀다.

산과 물, 즉 건물과 도로를 살피는 이유는 음과 양의 조화를 확인하기 위해서다. 양은 움직이기 때문에 물과 도로가, 음은 정지해 있기 때문에 산과 건물이 이에 해당한다. 특히 뒤쪽으로 건물들이 적당히 막아주고 앞쪽에 도로가 놓여 있으면 일단 주변 환경은 나쁘지 않다고 판단한다.

그리고 기(氣)를 살피는데, 이것은 그 집에서 생활하게 될 가족들이 느끼는 분위기가 매우 중요하기 때문이다. 왠지 모르게 편안하고 안정된 느낌이 든다면 그 택지는 주택을 건축하기에 나쁘지 않은 장소라고 말할 수 있듯, 건물 역시 그런 느낌이 들어야 생활하게 될 사람들이 행복하게 살 수 있다.

한편, 주택을 선정할 때에는 수맥(水脈)과 풍맥(風脈)을 확인해야 한다. 수맥은 지하에 동공이 형성되어 물이 흐를 경우에 발생하는 지기의 방해와 자기의 훼손 등을 확인하기 위해서고, 풍맥은 기의 흐트러짐을 예방하기 위한 조치다.

수맥을 확인하려면 엘로드(L-rod. 수맥탐사봉)라는 도구를 사용하는데 이것은 전문가가 아니면 힘들기 때문에 본인의 느낌으로 판단한다. 판단하는 방법은 간단하다. 사방의 문을 닫고 양초에 불을 붙였을 경우 심하게 흔들리면 풍맥이 강한 곳이고, 수직으로 곧장 위를 향할 경우에는 수맥이 강한 곳이라고

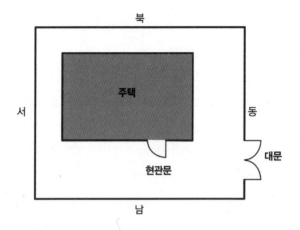

생각하면 된다. 불길이 수직을 유지하면서 약간 흔들리는 듯하면 수맥과 풍맥이 적당한 곳이라고 판단한다.

이런 사항들을 확인했으면 이제 좌향을 확인할 차례다. 일반적으로, 좌향은 대문이 있는 방향을 기준으로 주택의 정면이 어느 쪽인지, 이른바 방위를 살피는 것을 말한다. 흔히 '남향이다, 북향이다' 하는 것을 말한다.

좌향은 간단히 대문이 어느 쪽을 향해 있는지 확인하기만 하면 되는데, 전원주택인 경우에 동쪽으로 대문을 내고 마당을 꾸민 다음 남쪽을 향해서 현관문을 내는 경우가 있다. 이럴 때에는 현관문을 기준으로 하여 남향 주택으로 판단한다.

일반주택과 집합주택인 경우에는 좌향을 정하는 위치가 달라질 수 있다. 우선, 다음의 일반주택을 살펴보자.

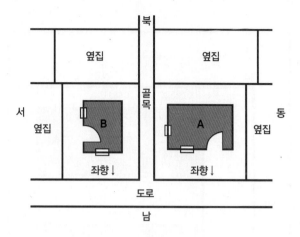

그림을 보면 단독주택 두 채가 있는데, A는 남쪽에 문이 있고 큰 도로를 바라보고 있기 때문에 누가 보아도 남향이 좌향이다. 문제는 B다. B는 문이 서쪽으로 나 있기 때문에 서향으로 보기 쉽다. 하지만 서쪽으로는 옆집이 붙어 있기 때문에 좌향으로 보기 어렵다. 그런데 남쪽을 보면 도로를 면하여 창문이 나 있다. 따라서 이런 경우에는 좌향이 남향이 된다.

A와 B는 사이에 골목을 끼고 있기 때문에 한쪽은 큰 도로를, 또 한쪽은 골목을 면하고 있는 형태다. 이런 식으로 큰 도로와 골목을 모두 끼고 있을 경우에는 큰 도로 쪽을 좌향으로 본다. 이것은 주택을 신축할 경우에도 마찬가지다. 즉, 큰 도로 쪽을 좌향으로 선택하고 집을 지어야 한다.

이번에는 집합주택을 살펴보자. 집합주택인 경우에는 각 호

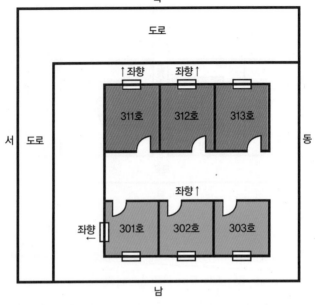

에 따라 좌향이 달라질 수 있다.

　그림에서 301호는 현관문이 북쪽을 향해 있지만 서쪽으로
도로와 창문이 있다. 따라서 301호의 좌향은 서향이 된다.

　302호는 서쪽과 동쪽이 모두 옆집과 이웃해 있고 남쪽은 창
문이 나 있지만 도로가 없다. 따라서 302호의 좌향은 현관문이
있는 북쪽이 된다. 303호 역시 좌향은 북쪽이다.

　311호는 서쪽에 창문이 없고 벽으로 막혀 있다. 동쪽은 옆집
과 맞닿아 있다. 이런 경우 현관문이 있는 남쪽을 좌향으로 볼

수 있으나, 북쪽의 창문 너머로 도로가 형성되어 있기 때문에 좌향은 북쪽이 된다. 312호와 313호도 311호와 마찬가지 이유로 좌향은 북쪽이다.

이처럼 좌향을 정확하게 파악해야 하는 이유는 자칫 좌향을 잘못 정할 경우 전체적인 방위가 흐트러질 수 있으며, 각 방을 배치하는 방법이나 인테리어가 달라질 수 있기 때문이다. 그러나 좌향을 정확하게 잡을 수 없는 경우 대문이나 현관문을 기준으로 좌향을 정하면 된다.

주택의 중심 잡기

주택에 방을 배치하거나 방의 길흉을 파악하려면 일단 중심이 어느 부분인지 정확하게 파악해야 한다. 중심을 정확하게 알고 있어야 그 부분에 나경패철을 놓고 사방의 방위를 지정하고 각 방을 배치할 수 있기 때문이다.

주택이 정확하게 사각형을 이루고 있다면 중심을 쉽게 파악할 수 있지만, 돌출 부분과 함몰 부분 등 모양이 각양각색이라면 중심을 파악하기란 쉬운 일이 아니다. 여기에서는 몇 가지예를 통하여 주택의 중심을 정확하게 잡는 방법을 소개하기로 한다.

먼저 〈그림 1〉은 반듯한 직사각형으로 이루어져 있다. 이런

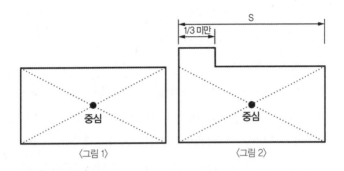

〈그림 1〉　　　　　　　　　〈그림 2〉

경우에는 사방의 꼭짓점을 연결하여 대각선을 그리고 교차점
을 중심으로 잡으면 된다.

〈그림 2〉는 이른바 돌출형으로, 왼쪽 윗부분이 약간 돌출되
어 있다. 이렇게 돌출이 된 경우 돌출 부분의 폭(그림에서는 S)이
1/3 미만이면 무시하고 직사각형을 기준으로 대각선 교차점을
중심으로 잡는다.

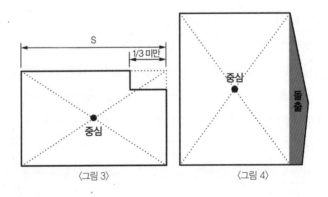

〈그림 3〉　　　　　　　　　〈그림 4〉

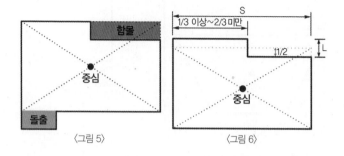

〈그림 5〉 〈그림 6〉

〈그림 3〉은 돌출과 반대인 함몰이 있는 경우다. 이것 역시 함몰 부분의 폭(그림에서는 S)이 1/3 미만이면 무시하고 직사각형을 기준으로 대각선 교차점을 중심으로 잡는다.

〈그림 4〉처럼 변형된 경우에도 돌출 부분이 가로 길이의 1/3에 미치지 못하니까 역시 무시하고 직사각형을 기준으로 대각선 교차점을 중심으로 잡는다.

〈그림 5〉를 보면 위는 함몰이고 아래는 돌출이다. 이때 돌출과 함몰 부분이 비슷하면 '돌출'로 '함몰'을 메운다고 생각하고 직사각형을 기준으로 대각선 교차점을 중심으로 삼는다.

〈그림 6〉처럼 돌출 부분이 1/3 이상 2/3 이하인 경우에는 돌출 부분의 길이를 절반으로 나누어 가상의 직사각형 모양을 만들고, 가상의 직사각형을 기준으로 대각선 교차점을 잡아 중심으로 삼는다.

〈그림 7〉은 이른바 사다리꼴 모양이다. 이 경우는 긴 폭에서

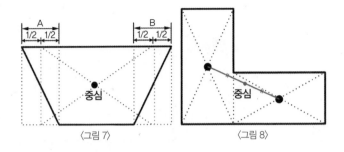

<그림 7> <그림 8>

짧은 폭만큼을 뺀 나머지 폭(A와 B)을 절반으로 나누어 직사각형 모양을 만들고 대각선 교차점을 중심으로 잡는다.

〈그림 8〉은 L자 모양의 주택이다. 이것은 돌출이나 함몰이 아니라 형태 자체가 두 개인 것과 같다. 이런 경우는 두 개의 직사각형을 만든 후 각각의 대각선 교차점을 구한 다음 교차점끼리 직선을 그어 한가운데를 중심으로 잡는다.

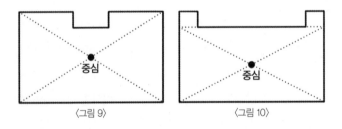

〈그림 9〉 〈그림 10〉

〈그림 9〉는 ㄷ자 모양의 주택이다. 이 경우 ㄷ자 모양이라고 해도 함몰로 보아야 하기 때문에 무시하고 직사각형 모양의 대각선 교차점을 중심으로 잡는다.

〈그림 10〉은 같은
ㄷ자 모양의 주택이지
만, 양쪽 돌출 부분을 합
해도 1/3이 되지 않는
다. 따라서 이 경우는 돌
출을 무시하고 직사각

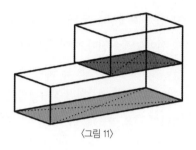

〈그림 11〉

형 모양의 대각선 교차점을 중심으로 잡는다.

〈그림 11〉은 2층 주택이다. 2층인 경우에는 중심을 각각 따로 잡는다.

한편, 중심을 잡기 어려운 경우 간단히 알아내는 방법이 있다. 두꺼운 종이와 실, 추를 이용하여 중심을 잡는 방법이다.

우선, 두꺼운 종이(가벼운 종이는 팔랑거려서 용도에 맞지 않다. 반드시 두꺼운 종이를 사용해야 한다)에 주택의 도면을 그리고 실 끝에 추를 매단다. 그리고 A처럼 도면의 한쪽 끝과 추가 매달린 실의 반대쪽 끝을 같이 잡고 들어올린다. 그런 다음 손으로 잡

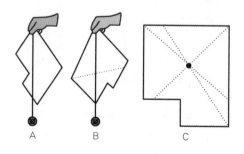

A   B   C

고 있는 꼭짓점과 추가 늘어져 있는 부분을 연결하면 수직으로 선이 만들어진다. 이어서, B처럼 직사각형의 다른 꼭짓점(선이 그어져 있지 않은 부분)을 잡고 A와 마찬가지 방법으로 선을 만든다. 마지막으로 C처럼 직사각형의 세 번째 꼭짓점을 잡고 또 하나의 선을 만든다. 이 세 개의 선이 교차하는 점을 중심점으로 잡는다.

주택과 방위

풍수에서는 무엇보다 중요한 것이 방위다. 중심점을 잡는 이유도 각 방을 배치할 경우 정확한 방위를 파악하기 위해서다.

방위는 기본적으로 구성학을 활용하는데, 구성학은 상고시

용마하도의 도식표

대 하늘에서 내려온 용마(龍馬)의 등에 새겨진 무늬인 하도(河圖)의 수(數)를 숫자로 표현하여 나타낸 것이라 한다.

4	9	2
3	5	7
8	1	6

이것을 숫자로 표현하면 다음과 같이 구성된다. 이것이 가로, 세로, 대각선의 합이 모두 15가 되는 이른바 '마방진'이다.

이것을 각 방위에 적용하면 다음과 같은 모양이 된다.

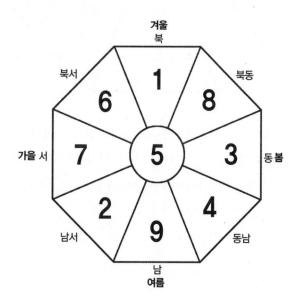

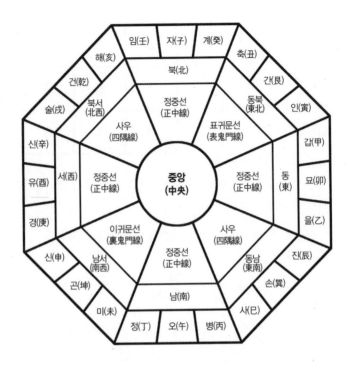

　여기에서 각 구획을 세 부분으로 나누면 모두 24개의 방위가 만들어지고, 이것이 풍수에서 사용하는 나경패철의 구획이된다. 이 구획에 각각 천간(天干)과 지지(地支)를 대입하면 다음과 같은 그림이 만들어진다.

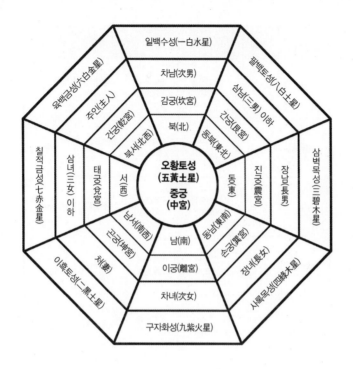

한편, 여기에 팔괘와 팔괘가 상징하는 인물, 구성(九星)을 더
하면 팔괘구궁도가 만들어진다.

방위	상징 수	간지	구성	팔괘	팔괘 인물
동쪽	3	갑묘을 (甲卯乙)	삼벽목성 (三碧木星)	진궁(震宮)	장남
남동쪽	4	진사 (辰巳)	사록목성 (四綠木星)	손궁(巽宮)	장녀
남쪽	9	병오정 (丙午丁)	구자화성 (九紫火星)	이궁(離宮)	차녀
남서쪽	2	미신 (未申)	이흑토성 (二黑土星)	곤궁(坤宮)	어머니 아내
서쪽	7	경유신 (庚酉辛)	칠적금성 (七赤金星)	태궁(兌宮)	삼녀 이하
북서쪽	6	술해 (戌亥)	육백금성 (六白金星)	건궁(乾宮)	아버지 남편
북동쪽	8	축인 (丑寅)	팔백토성 (八白土星)	간궁(艮宮)	삼남 이하
북	1	임자계 (壬子癸)	일백수성 (一白水星)	감궁(坎宮)	차남(次男)

각 방위의 상징과 의미

그림을 토대로 각 방위의 상징과 의미를 간단히 설명하면 왼쪽의 도표와 같다.

이 내용이 중요한 이유는 방을 배치할 때 어느 쪽 방위에 누구의 방을 배치할 것인지, 또 돌출이나 함몰이 있는 부분이 어느 방위에 해당하는지 등을 살펴 방위에 해당하는 인물에게 어떤 현상이 일어날 수 있는지 판단하거나 운세를 파악하기 위해서다.

이 내용은 양택풍수에서 매우 중요하기 때문에 나침반에 각방위와 팔괘구궁도의 내용이 새겨진 나경패철을 활용하는 것이다. 그리고 나경패철을 주택의 중심에 놓아 사방팔방을 계측한다. 그래서 중심을 잡는 것은 매우 중요한 의미가 있다.

돌출 과 함몰

돌출과 함몰은 단순히 주택의 모양을 파악하기 위해서가 아니라 해당 방위의 인물에게 어떤 영향이 미치는지 파악하기 위해 매우 중요한 의미가 있다.

예를 들어 북서쪽 방위가 돌출되어 있다면 남편(가장)이 승진하거나 발전할 가능성이 높다. 반대로 함몰되었다면 남편에게 사고, 실패 등의 현상이 발생한다. 따라서 함몰인 경우에는 그에 합당한 조치를 취하여 나쁜 운세를 막아야 한다.

그렇기 때문에 돌출과 함몰에 관하여 보다 정확하게 이해해야 한다. 다음의 그림을 토대로 자세한 내용을 설명하기로 한다.

왼쪽은 흔히 볼 수 있는 '돌출'에 해당한다. 이런 식으로 어

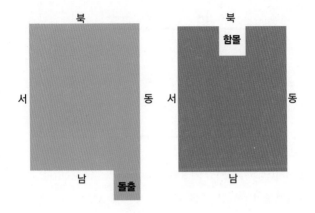

느 한 부분이 1/3 이하로 돌출된 경우 그 방위에 해당하는 일이
나 인물은 발전한다고 판단한다. 오른쪽은 '함몰'에 해당한다.
이런 식으로 어느 한 부분이 1/3 이하로 함몰된 경우 그 방위에
해당하는 일이나 인물은 쇠퇴한다고 판단한다.

돌출

다음은 가장 기본적인 주택의 모양인 직사각형이다. 중심을
잡고 직사각형의 짧은 쪽 변을 기준으로 정사각형을 만들면 양
쪽에 남는 부분이 만들어진다. 이것은 '돌출'에 해당하며 좋은
쪽으로 작용하기 때문에 기본적으로 직사각형 모양의 주택이
좋다는 것이다. 직사각형 주택은 반드시 양쪽에 돌출 부분이 만
들어진다. 참고로 정사각형 주택은 좋은 작용을 하는 '돌출'이

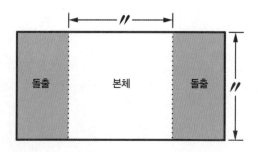

전혀 없다. 즉, 뛰어난 작용을 하는 부분이 없는 것이다. 그러나 정사각형의 주택은 나쁜 점도 없지만 발전도 없다고 보아 '흉상'으로 판단한다.

가운데 부분 돌출

다음은 가운데 부분이 돌출된 형태다. '돌출' 방위에 해당하는 일이나 인물은 발전하고, 양쪽의 '함몰' 방위에 적용되는 일이나 인물은 쇠퇴한다고 판단한다.

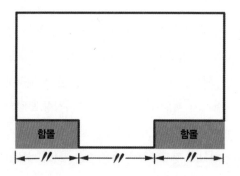

1/3 이상 돌출

다음은 돌출 부분이 1/3 이상이다. 이런 경우는 돌출보다 함몰이 더 강하게 작용하기 때문에 동쪽 방위에 해당하는 일이나 인물의 작용보다 북동쪽과 남동쪽 방위에 해당하는 일이나 인물의 작용을 더 중시한다.

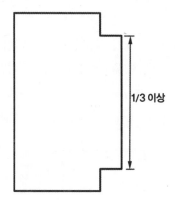

또 하나의 돌출

다음은 정사각형의 양쪽이 돌출에 또 하나의 '돌출'이 형성되어 있는 형태다. 이것은 길한 작용을 하는 부분이 세 군데나 존재한다고 보아 매우 길한 상으로 판단한다.

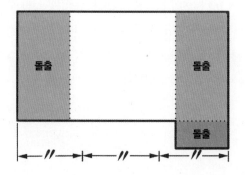

함몰

'함몰'은 집합주택의 가장자리에 있는 주택에서 흔히 볼 수 있는 형태다. 이 형태는 '본체'가 일그러져 있는 형국이기 때문에 '흉상'에 해당한다. 특히, 함몰된 위치에 현관문이나 엘리베이터가 있다면 더욱 나쁜 '흉상'에 해당한다.

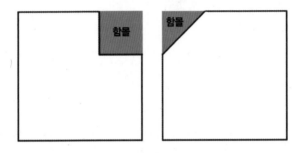

1/3 이상이 비스듬히 잘려나간 함몰

다음은 1/3 이상이 비스듬히 잘려나간 형태다. 이 경우는 삼각형 주택과 마찬가지로 매우 흉한 상에 해당한다. 이런 주택은 택지 자체가 삼각형으로 생긴 경우가 많은데 도로와 접해 있으면 더욱 나쁜 '흉상'에 해당한다.

돌출과 함몰이 함께 나타난 형태

다음은 돌출과 함몰이 거의 비슷하게 있는 형태다. 이런 경우는 '돌출' 방위에 해당하는 일이나 인물은 발전하고, '함몰' 방위에 해당하는 일이나 인물은 쇠퇴한다고 판단한다.

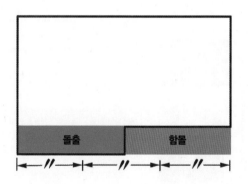

각 방위의 돌출과 함몰

앞의 내용을 기본으로 각 방위의 돌출과 함몰 작용을 알아보자.

북동쪽

돌출		북동쪽은 이른바 '귀문방(鬼門方)'에 해당하기 때문에 가능하면 돌출이나 함몰이 없는 것이 좋다. 만약 그림처럼 돌출되어 있다면 지위, 명예, 권력이 쇠약해지고 가족이 질병에 걸리는 등의 재앙이 발생한다.
		돌출이 북쪽으로 치우친 경우 이미 성공을 거둔 사람이라면 길상으로 보지만, 도약하는 과정에 있는 사람이라면 흉상으로 본다. 발전이 늦고 장애가 발생하기 때문이다.
		돌출이 동쪽으로 치우친 경우 가정이 화목해질 수 있고 주변 사람들의 협력을 얻어 모든 일이 순조롭게 풀리기 때문에 성공할 확률이 높은 길상이다.
함몰		북동쪽의 함몰은 흉함이 덜하다. 만약 가로세로 대비 1/4 이하의 함몰이라면 오히려 길상의 작용도 있다고 본다. 따라서 약간의 함몰은 신경 쓰지 않아도 된다.

동쪽

돌출	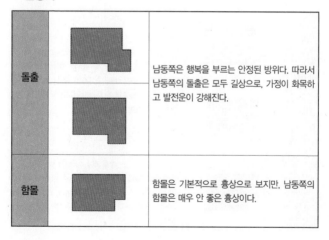	동쪽의 돌출이 1/3 이하인 경우 길상으로 본다. 대체로 사업운이 좋고 승진, 시험합격 등의 기쁜 일이 생기며 가정의 행복이 상승한다.
함몰		동쪽의 함몰이 1/3 이하인 경우 매우 안 좋은 흉상으로 본다. 예상하지 못한 사고나 질병을 조심해야 하고, 가정운도 쇠퇴해서 아무리 노력해도 그만큼의 성과를 거두기 어렵다.
지나친 돌출		동쪽의 돌출이 1/3 이상인 경우 앞에서 설명한 것처럼 돌출보다 북동쪽과 남동쪽의 함몰을 더 중시하기 때문에 흉상에 해당한다.

남동쪽

돌출		남동쪽은 행복을 부르는 안정된 방위다. 따라서 남동쪽의 돌출은 모두 길상으로, 가정이 화목하고 발전운이 강해진다.
함몰		함몰은 기본적으로 흉상으로 보지만, 남동쪽의 함몰은 매우 안 좋은 흉상이다.

남쪽

돌출	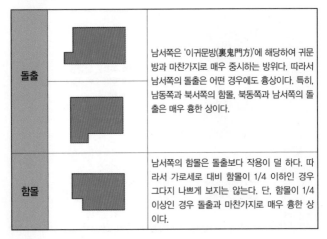	남쪽의 돌출은 매우 좋은 길상이다. 단, 가로와 세로 대비 돌출이 1/3 이하여야 한다. 특히 남쪽의 돌출은 부와 귀를 부르기 때문에 목적달성, 정신적 안정이라는 측면에서도 매우 좋은 길상이다.
지나친 돌출		남쪽의 돌출이 1/3 이상인 경우는 해석이 전혀 다르다. 남동쪽과 남서쪽의 함몰로 보기 때문이다. 따라서 지나치게 돌출된 경우에는 매우 나쁜 흉상이다.
함몰		좋은 방위의 함몰은 당연히 나쁘다. 특히, 남쪽의 함몰은 운을 쇠약하게 만들고 성공을 어렵게 만드는 매우 나쁜 흉상으로 보며, 가정에 질병이 끊이지 않는다.

남서쪽

돌출		남서쪽은 '이귀문방(裏鬼門方)'에 해당하여 귀문방과 마찬가지로 매우 중시하는 방위이다. 따라서 남서쪽의 돌출은 어떤 경우에도 흉상이다. 특히, 남동쪽과 북서쪽의 함몰, 북동쪽과 남서의 돌출은 매우 흉한 상이다.
함몰		남서쪽의 함몰은 돌출보다 작용이 덜 하다. 따라서 가로세로 대비 함몰이 1/4 이하인 경우 그다지 나쁘게 보지는 않는다. 단, 함몰이 1/4 이상인 경우 돌출과 마찬가지로 매우 흉한 상이다.

서쪽

돌출	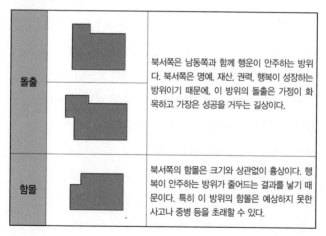	서쪽의 돌출은 기본적으로 길상이다. 물론, 1/3 이하인 경우다. 이 방위는 특히 금전운과 관련 있어 적당한 돌출은 금전적인 성공을 의미한다.
함몰		서쪽의 함몰은 금전운의 쇠퇴를 상징하기 때문에 금전적으로 타격을 받을 가능성이 높고 남편이 유흥에 탐닉해서 가정불화가 발생하기 쉽다.
지나친 돌출		서쪽의 돌출이 1/3 이상인 경우는 남서쪽과 북서쪽의 함몰로 보기 때문에 흉상이다.

북서쪽

돌출		북서쪽은 남동쪽과 함께 행운이 안주하는 방위다. 북서쪽은 명예, 재산, 권력, 행복이 성장하는 방위이기 때문에, 이 방위의 돌출은 가정이 화목하고 가장은 성공을 거두는 길상이다.
함몰		북서쪽의 함몰은 크기와 상관없이 흉상이다. 행복이 안주하는 방위가 줄어드는 결과를 낳기 때문이다. 특히 이 방위의 함몰은 예상하지 못한 사고나 중병 등을 초래할 수 있다.

북쪽

돌출		북쪽의 돌출이 1/3 이하인 경우는 길상이다. 특히 이 방위의 돌출은 가정 화목, 인간관계의 발전 등과 관계가 깊다.
함몰		다른 방위와 마찬가지로 북쪽의 함몰은 흉상이다. 특히 인간관계, 부부관계, 가족간의 화목에 금이 가기 쉽고 사업 실패 등의 악재를 초래한다.
지나친 돌출		북쪽의 돌출이 1/3 이상인 경우는 북서쪽과 북동쪽의 함몰로 보기 때문에 흉상으로 본다.

이상으로 돌출과 함몰에 관한 길흉관계를 살펴보았다. 기본적으로 돌출이 좋은 경우에는 그 부분을 살려서 발전을 더 확대시키고 함몰이 흉한 작용을 하는 경우에는 함몰된 부분에 화분 등을 배치하여 작용을 줄여준다. 이것이 풍수인테리어다.

예를 들어, 북서쪽은 팔괘의 건방(☰)과 남편(가장, 아버지)에 해당하는데, 이 방위가 적당히 돌출되었다면 남편과 관련된 문제들이 잘 풀리며 발전한다고 해석한다. 또한 이 방위에 침실 등을 배치하면 가정운이 더욱 발달할 수 있다. 반대로 북서쪽이 함몰되었다면 아버지가 하는 일에 장애가 많이 발생하므로 가능하면 중요한 방은 배치하지 않아야 하며, 함몰된 장소에는 키가 큰 나무 등을 배치하여 흉한 작용을 줄여야 한다.

돌출과 함몰은 각 방의 배치와 풍수인테리어를 활용하여 조치를 취하는 방법으로 길흉의 작용을 완화할 수는 있다. 그렇지만 가능하면 흉한 작용을 하는 돌출이나 함몰은 처음부터 만들지 않는 것이 좋다.

주택의 형태와 주변 환경

대지와 건물의 형태

대지(택지)가 결정되었으면 건물을 정해야 한다. 크기, 형태 등 건물을 건축할 때에 기본적으로 신경을 써야 할 사항은 대지와의 관계성이다. 대지를 선정하는 작업은 집터를 준비하는 것이고 집터가 준비되었으면 그 위에 사람이 살 수 있는 건물을 지어야 한다.

음택에 대비되는 개념이 양택이지만 양택에서도 건물은 특히 사람이 생활하는 공간이라는 점에서 대지와의 조화, 관계성 등을 충분히 고려해야 하며 방이나 문, 주방, 화장실 등의 배치

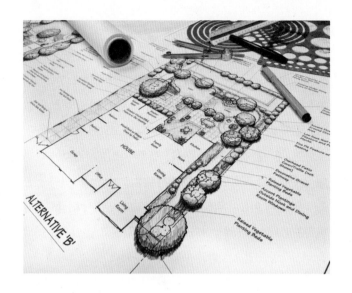

에 주의를 기울여야 한다. 이것이 이른바 '집(家)'의 '모양이나 형태(相)'를 살펴 참조하는 '학문(學)'인 가상학이다.

대지는 선택의 대상이며 개조의 대상은 아니다. 아무리 좋은 방향으로 대지를 개조하려 해도 근본적으로 한계가 있기 때문이다. 하지만 건물은 마음대로 개조하고 원하는 형태로 지을 수 있다. 즉, 운명을 바꿀 수 있다는 의미다.

일반적으로 '대지'는 담장 안쪽을 가리킨다. 택지는 원형일 수도 있고 삼각형일 수도 있다. 하지만 대지는 이른바 '집안'을 가리킨다. 따라서 적당한 장소에 택지를 선택했는데 형상이 흉한 경우에는 대지를 적절한 형상으로 바꾸면 된다. 즉, 삼각형,

돌출, 함몰 등의 흉상이 있다면 직사각형 모양으로 담을 쌓아 길상으로 만드는 식이다.

대지가 정확한 구별이 없다면, 집안의 기가 사방으로 흩어지고 외부의 사기가 끊임없이 침입한다. 즉, 좋은 기를 얻을 수 없기 때문에 반드시 외부와 구별짓고 바닥도 고르게 다져야 한다.

한편, 대지를 선택한 이후에는 건물의 크기를 정해야 하는데, 일반적으로 사방이 반듯한 직사각형 모양의 대지여야 건물을 지었을 때 비율이 적당하게 어우러진다. 앞에서 언급했지만 비율은 3:4 정도가 적당하다. 그래야 집을 짓고 난 이후에 마당을 직사각형 모양으로 만들 수 있기 때문이다.

즉, 건물을 지을 경우 마당의 넓이가 건물보다 1.5배 정도 넓은 정사각형 모양이 나오면 가장 이상적인 길상 형태의 집을 지을 수 있다. 정사각형 모양인 대지는 집을 지은 이후에 마당의 모양이 직사각형으로 이루어지기 때문에 바람직한 형태라고 보기 어렵다.

물론, 이것은 택지를 조성하여 대지를 구성할 때의 비율이므로, 도시에서는 마당까지 신경을 쓰기는 어렵다. 그런 경우에는 집의 모양을 길상으로 만들고 풍수인테리어를 활용하면 된다.

주택의 기본적인 조건들

음양의 조화

모든 사물과 상황, 인간관계는 음양의 조화를 이루어야 안정감이 있고 이후의 발전 등을 도모할 수 있다. 주택도 마찬가지로 음기와 양기가 조화를 이루어야 하는데, 여기에서 음기는 땅의 기운인 지기(地氣)에 해당하고 양기는 하늘의 기운인 천기(天氣)에 해당한다. 즉, 이 맥을 끊지 말아야 한다.

주택의 맥은 지기와 천기를 이어주는 부분이다. 그런데 맥이 끊긴다는 것은 지기와 천기가 이어지는 부분이 일직선으로 뻗지 않고 이리저리 구부러져 있거나 한 층에서 끊어졌다가 다시 위쪽으로 이어지는 식으로 끊기는 것을 의미한다. 또는 아래쪽으로 이어지는 줄기가 끊어지는 것이다.

대표적인 예가 한 층을 완전히 하나의 공간으로 만드는 것이다. 예를 들면, 빌라 등의 집합주택에서 흔히 볼 수 있는 현상으로 1층 전체를 주차장으로 사용하여 지기와 천기가 이어지는 맥을 찾을 수 없는 경우다. 이런 주택은 천기는 받지만 지기를 받지 못하기 때문에 음양의 조화를 이루기 어렵고 각각 따로 기를 받는 형태를 띠기 때문에 매우 흉하다. 만약 1층 전체를 주차장으로 만들고 싶다면 20% 정도는 남겨두어 그곳을 통하여 지기와 천기가 이어질 수 있도록 배려해야 한다. 그리고

20%에 해당하는 부분은 주택의 꼭대기까지 일직선으로 이어져야 한다. 그래야 어느 정도 음양의 조화를 유지할 수 있다.

이런 식으로 바닥에서 꼭대기까지 일직선으로 이어진 부분에서 기의 맥을 찾는다. 그리고 맥에 해당하는 부분은 가능하면 끊어지거나 구부러지지 않고 안정감 있게 만들어야 한다. 특히, 맥에 해당하는 부분은 공기의 흐름도 원활해야 하기 때문에 직사각형의 안정된 형태를 갖추도록 노력해야 한다.

자연&지리의 조화

주택 주변에는 당연히 자연이 존재하고, 도시인 경우에는 대부분 그것이 지리적 요건으로 작용한다. 주택을 신축하는 행위는 새롭게 움직이는 것이기 때문에 어떤 장소건 양에 해당한다. 그리고 주변 환경은 음에 해당한다. 이것 역시 음양의 조화를 이루어야 한다.

즉, 깊은 산의 나무를 베고 콘크리트 주택을 짓는다면 주변 환경과 어울릴 수 없다. 음양의 조화를 이룰 수 없는 것이다. 또, 주변이 모두 2~3층 정도의 집합주택과 단독주택으로 이루어져 있는데 15층짜리 건물을 짓는다면, 이것 역시 주변 환경과 어울릴 수 없고 음양의 조화를 이루기 어렵다.

주변의 환경에 어울릴 수 있도록 비슷한 형태의 주택을 짓는 것이 가장 자연스러운 음양의 조화를 이끌어낼 수 있고 무리가 없다. 단, 어디에나 특별한 경우는 있다. 예를 들어 주변 환경을 수하에 놓고 싶은 경우에는 유난히 눈에 띄는 주택을 신축해서 주변을 제압해야 하는 식이다. 하지만 이런 예는 매우 특별한 경우다.

자연환경과 지리적 여건 등을 충분히 고려하여 주변과 어울리는 주택을 짓는 것이 가장 바람직한데, 주변 환경이 마음에 들지 않는다면 주택보다 우선하여 택지부터 다시 선정해야 한다.

건물은 중심을 확실하게 정하라

일반 주택은 중심을 확실하게 잡고 주변을 용도에 맞게 적절하게 배치해야 하지만, 건물인 경우에는 중심에 특별히 신경을 써야 한다.

가장 나쁜 예는 중심을 두 개 이상 만들거나 전체적으로 균일한 형태의 건물을 짓는 것이다. 중심이 두 개 이상이라는 것은 하나의 건물이 주축을 이루고 주변에 부속건물들이 배치되는 것이 아니라, 중심으로 보이는 건물이 두 개 이상 존재하여 어떤 것이 중심 건물인지 알아보기 어려운 경우다. 이렇게 되면 건물 전체의 기가 한 곳으로 모이지 못하고 흩어져버리기 때문에 발전하지 못하고 화합을 이루기 어렵다. 사옥을 지을 때에 특히 주의해야 하는 부분이다.

전체적으로 균일한 형태의 건물이란 중심으로 보이는 건물이 없고 모두 비슷해 보이는 형태다. 이런 건물 역시 내부의 화합과 단결이 어렵고, 각자 자기주장이 강해서 늘 시끄러운 일이 발생하며, 효율성이 매우 떨어진다. 사옥이나 공장이 이런 형태에 해당하면 대부분 노사분쟁이 심하고, 안정감이 없으며, 각자 책임을 떠넘기는 등 대립이 끊이지 않는다.

건물은 누가 보아도 중심이라고 생각할 수 있는 뚜렷한 존재감을 갖춘 대표 건물이 존재하고 주변에 부수적인 건물들이 협동하는 형식으로 이루어져야 가장 바람직하다.

일반 주택도 중심을 살리는 것이 좋다. 그 방법은 한가운데의 천장을 높고 범위를 널찍하게 형성해서 중심 부분을 확실하게 구분해 놓는 것이다. 주택의 중심은 가족이 모이는 장소기

때문이다.

또한, 앞과 뒤가 분명해야 한다. 어느 쪽이 앞이고 어느 쪽이 뒤인지 구별이 쉽지 않은 건물은 주체성을 잃은 사람과 같아서 사옥이라면 발전보다 쇠퇴가 더 심하다. 필자가 아는 건물 중에 이런 형태에 해당하여 대기업이 순간적으로 문을 닫은 예가 적지 않다.

주택의 형태와 오행

주택을 짓거나 선정할 경우에는 일단 형태를 오행으로 분류하여 어떤 기가 강한지 살펴본다. 이때 주택의 형태와 함께 오행을 대변하는 가장 중요한 부분이 지붕이다. 따라서 주택을 오행으로 분류할 때에는 형태와 지붕을 함께 살펴보는 것이 좋다. 지붕의 오행 분류는 음택풍수에서 산의 정상을 보고 오행으로 분류하는 방법과 같으며, 형태의 오행 분류는 관상의 오행 분류와 같다.

목형(木形)

• 주택의 형태 : 너비나 대지보다 높아 길쭉하게 솟아 있는 주택이다. 새로운 일, 창조적인 일, 활동성이 필요한 일을 하는 사람에게 적합하다.

• 지붕의 형태 : 교회의 첨탑처럼 위가 뾰족하게 생긴 지붕으로, 독립성이 강하고 가장이 중심적인 역할을 담당하며, 사람들은 진취적, 적극적, 능동적으로 사고한다. 그러나 지붕의 각도가 지나치게 뾰족해서 하늘을 찌르는 듯하면 독선적이고 공격적인 형태를 보인다.

화형(火形)

• 주택의 형태 : 가로나 세로, 어느 한 쪽의 변이 길게 형성되고, 바닥은 안정되어 있지만 위로 갈수록 좁은 형태를 보이는 부분이 두 개 이상 갖추어져 있는, 이른바 ㄴ자 주택이다. 이런 주택은 목형이 두 개 이상 모인 것과 같기 때문에 저돌적이고 강한 기를 갖추고 있지만 안정감은 약간 뒤떨어진다.

• 지붕의 형태 : 위가 뾰족한 지붕을 두 개 이상 갖춘 형태인데, 활활 타오르는 불길을 생각하면 이해하기 쉽다. 이런 지

붕은 가장이 두 명 이상인 경우(맞벌이 부부)에 잘 어울리지만, 그렇지 않다면 중심이 두 개가 되어 화합보다는 각자의 노력으로 운이 배가되는 효과를 노려야 한다.

토형(土形)

- 주택의 형태 : 전체적으로 안정감을 느낄 수 있고 높이보다는 넓이에 중점을 둔 주택으로, 단층이나 2층의 바닥 면적이 넓은 주택이다. 이런 집은 안정감이 있기 때문에 편안한 생활을 할 수 있지만 창조력, 추진력, 활동성 등은 부족한 편이다.

- 지붕의 형태 : 지붕의 윗부분이 평평하게 이루어져 있는 주택으로, 집안의 기가 한 곳으로 몰리지 않고 골고루 퍼질 수 있기 때문에 균형감, 안정감, 협조성은 매우 좋다. 단, 진취적, 능동적, 적극적인 측면은 부족하기 때문에 발전보다는 안정을 추구하는 주택을 원하는 사람에게 어울린다.

금형(金形)

- 주택의 형태 : 모서리나 각이 여러 개가 형성된 주택으로, 돌출 부분이 많아 매우 강한 느낌이 드는 주택이다. 이런 주택은 중심점을 주축으로 주변의 건물들이 모여드는 것과 같아 단결력, 의리, 협동성이 필요한 사람에게 어울린다.

- 지붕의 형태 : 가운데 부분이 뾰족한 것이 아니라 원만한 모양을 보이면서 부풀어 오른 듯한 느낌이 드는 지붕으로 목형과 비슷한 의미에서 중심이 주축을 이룬다. 그러나 목형의 가장 역할이 90%라면, 금형은 70% 정도며 나머지는 주변 인물들이 보완해준다. 따라서 금형은 목형보다 협조성이 높지만 주체성은 낮다.

수형(水形)

- 주택의 형태 : 이른바 ㅁ자 주택을 말하며, ㄷ자나 원, 마름모 형태도 포함한다. 수형 주택의 특징은 각 변에 해당하는 하는 건물의 높이가 다르고 중심을 이루는 변의 높이가 낮아 마치 물결치는 듯한 모습을 보인다. 수형 주택은 안정감이 있지만 중심점이 낮기 때문에 가장보다는 가족의 협력을 우선하는 사람에게 어울린다.
- 지붕의 형태 : 주택의 형태와 마찬가지로 양쪽이 높고 가운데가 낮은 모습의 지붕으로 가장의 권위나 보수적 성향과는 거리가 멀고, 가족의 협조성과 민주적 단결성 등을 중시하는 사람들에게 어울린다. 단점은 중심점이 없어서 어떤 일이 있을 때마다 주도하는 사람이 다르다는 것이다.

주택과 마당(정원)

주택을 지을 때에 앞마당과 뒷마당은 확실하게 구별해야 한다.

일반적으로, 마당은 주택의 1/3 정도가 적당한데 여기에서 말하는 1/3은 앞마당에 해당한다. 당연히 앞마당이 뒷마당보다 커야 하지만, 가끔 창고로 이용하기 위해 뒷마당을 넓게 만들다 보니 앞마당보다 뒷마당이 더 큰 주택도 있다. 하지만 이것은 절대로 있을 수 없는 일이다. 앞마당은 시야 확보와 함께 전면부의 발전을 도모하는 역할을 하기 때문에 널찍해야 하지만, 뒷마당은 가능하면 막혀 있어야 안정감을 느낄 수 있다. 그런데 뒷마당을 넓게 해 이런저런 잡동사니를 쌓아두고 앞마당을 좁게 해 시야가 막혀 답답하다면 일도 제대로 풀리기 어렵다. 또,

뒷마당이 앞마당보다 넓은 경우 부부 사이에 금이 갈 확률도 높다.

하늘의 천기를 받는 마당은 지기를 받는 주택과 음양조화를 이루는 역할을 담당한다. 또, 건물이 양이라면 마당은 음에 해당한다. 이것은 음택풍수에서 혈과 명당의 조화와 비슷한 의미가 있다. 따라서 마당은 각이 반듯하거나 둥근 형태를 갖추어야 하며 바닥과 흙은 고르고 부드러워야 한다. 이것은 곧 아내의 행실과 건강을 나타내는 지표기도 하다. 만약 바닥이 울퉁불퉁하다면 아내의 성격이 신경질적으로 변하고, 흙의 색깔이 지저분하거나 돌멩이가 많다면 아내가 잔병에 시달리기 쉽다. 물론 재산도 제대로 관리하기 어렵다.

잔디를 관리하기 어렵다는 이유로 마당을 시멘트나 벽돌로 덮어버리는 경우가 있는데, 이것은 아내의 마음을 닫는 결과를 낳거나 아내와의 대화 단절을 초래하기 쉽다.

특이하다는 이유에서 묘한 형상이나 이름의 나무를 심거나 존재감이 확실하지 않은 이름 없는 잡목들을 심는 것도 천기와 지기의 흐름을 방해하고 정신을 흐트러지게 만들기 때문에 예상하지 못한 재물 손실, 아내의 우울증 등이 나타날 수 있다.

연못이나 석조물도 마찬가지다. 연못은 지기를 땅으로 흡수해버리는 역할을 하기 때문에 기의 음양조화가 깨지고, 석조물은 남편의 기를 약하게 만들어 부부 사이에 금이 가는 결과를 낳는다.

거석이나 인물 모양의 돌을 배치하는 것은 반드시 피해야 한다. 이런 것들은 주택의 주인 역할을 해 사람의 기를 차단하기 때문에 모든 면에서 나쁘게 작용한다. 요즘에는 전원주택의 마당을 아름답게 꾸미기 위하여 이런 것들을 배치하는데 반드시 피해야 한다.

마당을 아름답게 가꾸고 싶다면 정원수를 활용하는 것이 좋다. 단, 정원수를 선택할 때에는 다음과 같은 사항들을 주의해야 한다.

- 정원수는 주택의 높이를 넘지 말아야 한다.
- 오래된 고목은 심지 말고, 이미 존재한다면 뽑아버린다.
- 많은 나무를 심어 집에 그늘이 드리워지지 않도록 한다.
- 높이가 낮고 사계절 푸른 색깔을 유지하는 것을 심는다.
- 꽃나무는 사계절의 방위에 맞추어 골고루 심는다.
- 줄기가 굽어 있는 나무는 심지 않는다.
- 유실수는 가능하면 피하는 것이 좋다.

단, 돌출과 함몰에서 다루었듯 마당에 돌출이나 함몰된 부분이 있는 경우에는 나무를 활용하여 보완할 수는 있다.

주택과 담장

담장은 외부와 내부, 즉 주택을 구별해주는 역할을 한다. 따라서 누가 보더라도 반듯하게 정비되어 구별이 뚜렷하고 정확해야 한다. 현실적으로 보더라도 담장이 비뚤비뚤하거나 허술하면 당연히 마음이 불안하다. 또, 담장이 없는 경우에는 옷을 전혀 걸치지 않고 휑한 벌판에 서 있는 것과 같아서 주변의 모든 흉살에 노출된다.

담장은 주택과 일정한 간격을 유지하는 것이 좋다. 마당이 차지하는 면적이 넓어서 주택과 너무 멀리 떨어져 있으면 외부와의 차단 효과가 떨어지고, 너무 가까울 경우에는 답답한 느낌이 든다. 또한 담장이 너무 높으면 주택을 가리게 되어 음습한 분위기를 연출하고, 너무 낮으면 주택이 훤히 드러나 보여 안정감이 부족하다.

담장을 설치할 때에는 전체적으로 균일한 높이를 만드는 것이 좋다. 담장이 들쭉날쭉하거나 높이 차이가 심하거나 구멍이 뚫려 있으면 기의 흐름이 안정되지 않아 흉상으로 본다. 도둑의 침입을 막기 위해 담장 위에 깨진 유리를 박아놓거나 철조망을 설치하는 주택이 있는데, 이것은 주택의 둘레에 칼과 창을 꽂아놓은 것과 같아 매우 나쁜 흉상으로 본다.

요즘에는 담장이 폐쇄적인 느낌을 주고 외부와의 단절을 의미한다는 이유에서 담장을 허물거나 울타리 비슷한 낮은 담장을 설치하거나 아예 없애버리는 경우도 있는데 풍수적으로는 바람직하지 않은 현상이다. 담장은 나름대로 독자적인 역할을 담당하는 부분이다. 그런 담장을 허울뿐인 형태로 만들거나 아예 없애는 것은 주택 자체가 갖출 것을 제대로 갖추지 못한 결과를 만든다.

아파트는 예외지만 빌라 같은 집합주택도 담장은 필요하다. 아파트는 경비실이 있기 때문에 그 자체가 담장의 역할을 한다. 하지만 집합주택은 경비실도 없다. 즉, 담장을 대신하는 부분이 없는 것이다. 따라서 집합주택도 담장이 있는 집을 선택하는 것이 좋다. 그렇지 않은 경우에는 들판에 홀로 서 있는 동떨어진 주택과 같기 때문에 귀문방의 귀살(鬼殺), 충살(沖殺) 등에 그대로 노출되어 사업이나 가정이 안정을 유지하기 어렵다.

주택과 대문

대문은 안방, 주방과 함께 양택삼요(陽宅三要, 양택에서 가장 중요한 세 가지 요소)인데, 이른바 주택의 얼굴이다. 일반주택에서는 부지 안으로 들어오는 출입구가 대문에 해당하고, 아파트나 집합주택에서는 맨 아래층의 현관문이 이에 해당한다.

대문은 주택과 외부를 연결하는 통로로 기가 소통하는 장소기 때문에 주택에 비례하여 크기를 정해야 하는데, 기본적으로는 주택의 크기에 비하여 작은 것을 길상으로 본다. 주택에 비하여 대문이 너무 크면 기의 소통과 교체가 너무 빨라 기가 주택에서 머무는 기간이 짧기 때문에 안정감이 없고 변화가 심하다. 대문이 지나치게 작으면 마치 작은 환풍기와 같아 기의 소통이 너무 느리고 맑은 기운을 유지하기 어렵다. 따라서 주택과 비교할 때 약간 작은 느낌이 드는 대문이 가장 좋다.

대문은 도로보다 약간 높은 위치에 있어야 수해나 도로의 먼지 등을 막을 수 있다. 대문과 관련된 사항들을 정리하면 다음과 같다.

• 대문은 집안 쪽으로 열려야 외부의 기를 끌어들인다.

• 대문 주변은 청결해야 하기 때문에 지저분한 물건들을 놓지 않는다.

• 대문은 출입을 의미하기 때문에 양으로 보며 남성을 상징하고 귀(貴)를 담당한다. 이에 비하여 마당은 음으로 보며 여성을 상징하고 부(富)를 담당한다.

• 대문이 동사택(東四宅)에 해당하면 귀(貴)한 이후에 부(富)해진다(동사택의 내용은 79쪽 참고).

• 대문이 서사택(西四宅)에 해당하면 부(富)한 이후에 귀(貴)해진다(서사택의 내용은 79쪽 참고).

- 남향의 대문은 귀(貴)를 우선하고 북향의 대문은 부(富)를 우선한다.
- 대문이 동사택에 해당하고 건물이 서사택에 해당하면 아들을 먼저 낳는다.
- 대문이 서사택에 해당하고 건물이 동사택에 해당하면 딸을 먼저 낳는다.
- 대문과 주택을 비교할 때에는 대문이 양에 해당하고 주택이 음에 해당한다. 단, 건물과 마당을 비교할 때에는 건물이 양에 해당하고 마당이 음에 해당한다.

이처럼 대문은 기가 들어오는 장소고 주택의 얼굴에 해당하기 때문에 적당한 크기에 항상 청결해야 하며 외부와의 구별이 확실해야 한다.

앞에서 아파트의 대문은 1층 현관문에 해당한다고 설명했다. 혹시라도 현관문 근처에 휴지가 떨어져 있다면 본인은 물론이고 모든 사람을 위해 반드시 치우자.

아파트와 빌라를 고르는 요령

요즘에는 많은 사람이 아파트나 빌라에서 생활한다. 여기에서는 아파트나 빌라를 선정할 때에 참고할 수 있는 내용을 간단히 정리해보았다.

- 집합주택의 현관문이 북쪽, 북동쪽, 남서쪽인 건물은 피한다.
- 동쪽, 남동쪽, 남쪽에 높은 건물이나 공터가 없고 볕이 잘 드는 건물을 선택한다. 이 방위에 높은 건물이 있으면 일조권이 나쁘기 때문이다.
- 건물의 중심을 기준으로 보았을 때, 엘리베이터가 북동쪽(귀문방)이나 남서쪽(이귀문방)에 위치한 건물은 피한다.
- 주변에 묘지, 철탑, 종교시설 등이 있는 건물은 피한다.
- 경사가 심한 장소, 매립지 등에 위치한 건물은 피한다.
- 건물이 아니라 내가 살 집의 중심에서 보았을 때, 현관문이 귀문방이나 이귀문방에 해당하는 집은 피한다.
- 가능하면 2~3층에 해당하는 집을 선택한다.
- 복도와 천장의 높이가 너무 낮은 집은 피한다.
- 삼각형이거나 여기저기 돌출·함몰된 부지는 피한다.
- 1층 전체가 주차장으로 이루어진 건물은 피한다.

이밖에도 여러 가지 사항이 있지만 집합주택인 경우 위와 같은 내용을 특히 신경 써야 한다. 집합주택은 내가 생활하는 공간뿐 아니라 함께 공유하는 공간과 시설도 있기 때문에 가능하면 위의 사항을 지켜 구입하는 것이 좋다.

방의 배치

동사택과 서사택의 분류

주택의 중심에 정반정침(正盤正針, 나경패철을 수평으로 놓고 남북의 위치에 정확하게 바늘을 맞추는 것)을 하고 팔괘를 바탕으로 가택을 구성하다 보면 각각 4개씩 나뉘어 몰려다닌다는 사실을 알 수 있다. 이때 기두(起頭: 중심이 되는 위치로, 현관문을 중심으로 잡는다)가 감방(坎方, 정북), 진방(震方, 정동), 손방(巽方, 남동), 이방(離方, 정남)인 경우를 동사택이라 부른다. 반대로 기두가 간방(艮方, 북동), 곤방(坤方, 남서), 태방(兌方, 정서), 건방(乾方, 북서)인 경우를 서사택이라고 부른다.

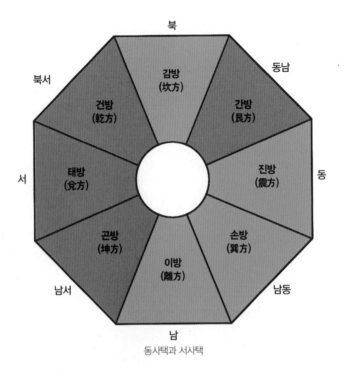

북

동남

북서

감방
(坎方)

간방
(艮方)

건방
(乾方)

진방
(震方)

서

태방
(兌方)

동

곤방
(坤方)

손방
(巽方)

이방
(離方)

남서

남동

남

동사택과 서사택

　즉, 현관문이 어느 방위에 해당하는가에 따라 동사택과 서사택을 구분하고, 만약 동사택에 해당한다면 동사택 방위에 안방과 주방을 배치하는 것이다. 기본적으로는 안방과 주방뿐 아니라 다른 방도 같은 사택으로 배치해야 하지만, 모든 방을 같은 사택 방위에 배치하기는 어렵다. 단, 양택삼요에 해당하는 중요한 방들은 반드시 같은 사택 방위에 배치해야 한다. 현관문이 동쪽에 위치해서 동사택에 해당한다면, 안방과 주방은 당연히 동사택 방위인 정동, 남동, 정남, 정북에 배치해야 한다. 그리고 화장실, 창고, 하수구처럼 흉한 장소는 반대되는 사택 방위에 배치한다. 동사택인 경우에는 서사택 방위, 서사택인 경우에는 동사택 방위에 배치하면 된다.

일반적으로 동사택은 양의 기운이 강해서 양을 상징하는 귀(貴)가 먼저 발전하고 부(富)가 따르며, 서사택은 음의 기운이 강해서 음을 상징하는 부가 먼저 발전하고 귀가 따른다고 본다.

주택을 신축하는 경우 현관문의 방위부터 정해야 하는데, 이때 가장의 본명궁(本命宮)이 팔방 중 어느 방위에 해당하는지 살펴 그것을 기준으로 동사택과 서사택을 정하기도 한다. 즉, 본명궁이 정동, 남동, 정남, 정북에 해당한다면 동사택으로 집을 짓고, 정서, 남서, 북서, 북동에 해당한다면 서사택으로 집을 짓는 것이다.

이 부분은 본명궁을 찾는 방법부터 시작해야 하지만 그 방법에 문제가 있고 지나치게 단순하다. 따라서 그보다는 사주를 바탕으로 찾는 것이 바람직하여 백산역명학에서는 사주와 대운의 흐름을 기준으로 동사택과 서사택을 구분하고 있다. 이 내용은 복잡하기 때문에 생략하기로 한다.

여기에서는 동사택과 서사택이 어떤 의미가 있고 방의 배치에 어떤 식으로 활용되는지만 이해하자.

현관

현관문은 동사택과 서
사택을 규정하는 중요한
장소다. 또, 외부의 기가
내부의 기와 소통을 하는
통로기 때문에 항상 깨끗
하고 청결하게 유지해야
한다. 기본적으로는 동쪽,
남동쪽, 남쪽, 북서쪽 방
위에 설치하는 것이 좋은
데, 이미 지은 주택이라
면 방위를 측정하여 동사

택과 서사택을 정한다. 북동쪽과 남서쪽은 귀문방과 이귀문방
에 속하기 때문에 반드시 피한다.

단독주택에는 대문과 현관문이 있는데, 이런 경우에는 대문
과 현관문이 일직선이 되도록 배치하지 말아야 한다. 가끔 전원
주택을 보면 대문의 정면에 현관문이 보이는 경우가 있는데 이
것은 매우 안 좋은 배치다. 가능하면 대문과 대각선 방향에 현
관문을 설치하는 것이 바람직하다. 만약 대문과 현관문이 일직
선으로 배치되어 있다면 그 사이에 나무 등을 심어 시야를 가

려주는 것이 좋다. 이것은 현관문과 안방문의 관계에서도 마찬가지다.

현관에서 가장 중요한 것은 밝고 깨끗한 분위기다. 항상 청결함을 유지할 수 있도록 신경을 쓰고, 신발도 가지런히 정돈해서 안정된 느낌을 연출해야 한다. 가능하면 신발장을 이용하는 것이 좋고 먼지가 쌓이지 않도록 걸레질도 해 주는 것이 좋다. 가능하면 신발장은 큰 것을 선택하고 신발장 위에는 반드시 밝은 색 받침이 있는 꽃병을 이용하여 생기 있는 꽃을 자주 갈아 준다. 조화는 절대로 두지 말아야 한다. 신발장 아래에는 어두운 색 신발을, 위에는 밝은 색 신발을 수납하도록 신경을 쓴다.

거울을 걸 때에도 주의해야 한다. 현관문을 열었을 때, 정면으로 보이도록 거울을 걸면 외부의 기가 들어오다가 반사되어 나가는 것과 같기 때문에 특별한 경우를 제외하면 오른쪽이나 왼쪽에 거는 것이 바람직하다. 크기는 상체와 비슷한 정도, 사각형보다는 원형이나 팔각형이 좋다. 금전운이나 재물운을 바란다면 거울을 왼쪽에 걸고, 명예운이나 출세운을 바란다면 오른쪽에 거는 것이 좋다.

그리고 식구가 창작한 그림이나 손수 제작한 장식품 같은 것을 놓아두면 내부와 외부의 기 소통이 원활해지면서 가족의 명예가 올라간다. 또, 외부에서 들어오는 기가 향기와 밝은 분위기를 안고 들어올 수 있도록 아담한 화분을 놓아두는 것도 운

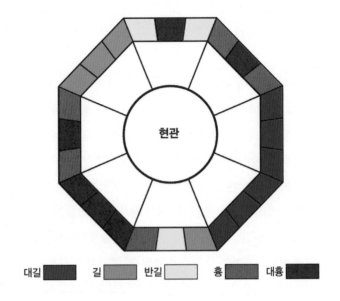

| 대길 | 길 | 반길 | 흉 | 대흉 |

을 향상시키는 좋은 방법이다.

바닥은 어두운 색보다는 밝은 색을 연출할 수 있도록 신경을 써야 하기 때문에 매트를 깔 때는 가능하면 밝은 쪽을 택한다.

그리고 현관문에는 맑은소리가 나는 풍경이나 종을 달아주면 문을 열 때마다 생기가 돌기 때문에 가정에 활기가 넘친다.

안방

안방은 현관문, 주방과 함께 양택삼요 중 하나다. 따라서 현관문이 동사택인지, 서사택인지 확인하여 같은 방위에 있어야 한다.

기본적으로 현관문을 열었을 때, 마주 보이는 위치에 있으면 이른바 살풍(殺風)이 그대로 침입한다고 하여 매우 안 좋게 본다. 상식적으로 생각하더라도 현관문을 열었을 때 바로 안방이 보인다면 사생활이 노출되고 안정감도 느낄 수 없다. 따라서 가능하면 현관에서는 보이지 않는 위치에 안방이 존재해야 한다.

안방은 집안의 가장인 부부가 기거하는 곳이다. 특히 온종일 외부에서 받은 스트레스와 피로를 푸는 휴식과 수면을 취하는 장소기 때문에 무엇보다 안정된 분위기가 중요하다. 또, 안방은 집안의 대표적인 장소인 만큼 당연히 가장 부부가 기거해야 하며, 자녀나 부모님방으로 사용하는 것은 바람직하지 않다. 이것은 정치에서 중심이 되는 인물이 중궁(中宮)을 차지하는 이치와 같다.

침대를 설치할 때에는 방문에서 대각선 방위에 설치하고 문을 바라볼 수 있도록 누워야 한다. 그렇게 해야 드나드는 사람을 자연스럽게 확인할 수 있어서 불안감이 사라진다. 만약 침대가 방문과 정면으로 놓여 있다면, 현관문을 열었을 때 들어오는 외부의 살풍과 마찬가지로 외부의 기를 직접적으로 받기 때문에 나쁘다.

침대를 놓을 경우에 벽에 붙이는 사람들이 있는데, 환경적으로 보아도 곰팡이가 피는 등 바람직하지 않지만 풍수적으로도

기가 고이는 현상이 발생하기 때문에 매우 나쁘다. 침대는 적어도 2~30Cm 정도 떨어지도록 놓는 것이 좋다. 어느 방이건 벽과 공간은 온도 차이가 발생한다. 벽은 외부와 접촉되어 있기 때문에 외부 공기의 온도 영향을 받고 방 안은 내부 공기의 순환에 영향을 받기 때문이다. 따라서 침대는 반드시 벽에서 떨어뜨려 놓도록 한다.

조명은 사물을 어렴풋이 확인할 수 있을 정도의 조도를 갖추도록 하고 각이 진 것보다는 둥근 형태의 부드러운 형태를 선택하는 것이 바람직하다.

그리고 안방에는 반드시 커튼을 친다. 커튼은 외부 공기를 차단하는 역할도 있지만 햇살을 조절하는 기능도 있다. 안방의 역할은 기본적으로 휴식과 수면이다. 따라서 편안하고 안정감이 있는 분위기를 연출해야 한다.

요즘에는 안방 안에 침실을 따로 설치하는 경우도 많은데 이럴 때에는 분위기에 너무 차이가 나지 않도록 배려한다. 기의 원활한 순환을 위해서다.

한 가지 중요한 것은 현관문이 안방을 상생하는 위치에 배치해야 한다는 것이다. 즉, 남동쪽에 위치한 현관문은 오행으로 볼 때 목(木)에 해당하니, 안방은 목생화(木生火)의 화(火)에 해당하는 남쪽에 위치하거나 수생목(水生木)의 상생을 만들어내는 수(水)의 방위인 북쪽에 두는 것이 좋다. 그렇게 해야 상생의 기운으로 안방의 기가 활기를 띠게 되기 때문이다. 이것은 주방도 마찬가지다.

방을 배치할 때 가장 중요한 것은 동사택과 서사택 그리고 오행의 상생이다. 만약 현관문이 오행에서 목(木)에 해당하는 동쪽에 위치하는데 토(土)에 해당하는 남서쪽이나 북동쪽에 안방을 둔다면 목극토(木剋土)가 되어 극을 이루기 때문에 매우 나쁘다. 반대로 금(金)에 해당하는 북서쪽이나 서쪽에 안방을 만드는 것 역시 금극목(金克木)이 되어 극을 이루기 때문에 매우 나쁜 배치다.

방위별 안방 배치

북쪽	이 방위에 안방을 만들면 부부의 인연이 깊어지고 안정된 가정을 이끌어갈 수 있지만 외부와의 관계는 단절될 가능성이 높다.	
북동쪽	북동쪽은 귀문방에 해당하는데 이 방위에 안방을 만들면 힘든 상황을 이겨내는 도전정신과 의욕이 강해져 기개 면에서는 도움이 될 수 있다. 하지만 기본적으로 이 방위는 활용하지 않는 것이 좋다.	
동쪽	태양 에너지를 마음껏 흡수할 수 있는 방위기 때문에 생동감, 활력 등이 높아진다. 따라서 젊은 부부에게 잘 어울리는 방위다. 특히 사업이나 창조적 활동을 하는 직업에 종사하는 젊은 부부라면 가장 잘 어울린다. 하지만 중년 부부에게는 그다지 어울리지 않는 방위다.	
남동쪽	남동쪽은 어떤 방을 사용해도 되는 가장 좋은 길한 방향이다. 따라서 이 방위에 안방을 만드는 집이 많이 있다. 남동쪽은 생기와 활력이 조화를 이루기 때문에 밝고 활기찬 분위기가 필요한 젊은 부부에게 특히 좋다. 단, 생활면에서는 금전적 사치나 허영, 낭비가 있을 수 있기 때문에 이 부분을 주의해야 한다.	
남쪽	안방으로는 가장 어울리지 않는 방위가 남쪽이다. 이 방위에 안방을 만들면 집안보다는 외부의 일에 더 많은 관심을 보이게 되어 부부 사이의 화목에 금이 갈 우려가 있고, 사치와 허영 등 쓸데없는 낭비가 많아진다. 침실을 겸하는 안방은 무엇보다 중요한 것이 부부 사이의 애정이다.	

남서쪽	남서쪽은 이귀문방에 속하여 귀문방과 함께 꺼리는 방위에 해당한다. 하지만 아내에게는 도움이 되는 방위로, 이곳에 안방을 설치하면 아내의 주장이 강해지고 권위가 올라간다. 단, 그만큼 남편의 존재감은 떨어진다.	
서쪽	해가 지는 서쪽 방위는 모든 현상이 안정적으로 접어드는 방위에 해당한다. 따라서 휴식이 필요한 부부에게 잘 어울리며 금전운이 매우 좋은 방위에 속한다. 중년 부부에게 잘 어울리는 방위다.	
북서쪽	북서쪽은 팔괘에서 아버지를 상징하는 방위로 이 방위에 안방을 만들면 부부의 권위가 올라가고 부부 사이가 원만하며 금전, 명예 모두 상승한다. 특히 중년 이후의 부부에게 가장 잘 어울리는 방위다.	

거실

거실은 현관문을 통해서 들어온 외부의 기가 내부의 기와 합쳐서 순환, 교체를 이루는 공간임과 동시에 집안의 기를 모으고 분산시키는 중심 역할을 하는 장소다. 따라서 안정감이 들도록 높은 가구보다는 낮은 가구를 활용하는 것이 좋고 말끔한 인상을 느낄 수 있도록 단조로우면서 따뜻한 분위기를 연출할 수 있어야 한다.

기본적인 배치는 현관문에서 보았을 때 대각선 방향에 위치

한 것이 가장 좋으며, 정사각형에 가까운 형태로 사방의 길이가 비슷하도록 만들어야 한쪽으로 기가 치우치는 현상을 줄일 수 있다.

요즘에는 아파트나 빌라인 경우에 거실을 넓히기 위해 베란다를 확장하는 경우가 많은데, 이것은 집안의 중심과 가족 모임의 장소인 거실을 한쪽으로 치우치게 만들기 때문에 기의 발산 작용을 일으켜 나쁘게 본다.

또, 수석이나 덩굴식물을 장식하는 일은 반드시 피해야 한다. 수석은 기본적으로 거실 뿐 아니라 어느 장소건 두지 않는 것이 바람직한데 특히 거실에 찬 기운을 뿜어내는 수석은 절대로 두지 말아야 한다. 덩굴식물 역시 마찬가지다. 예전에는 담장이 있는 주택에 절대로 덩굴식물을 심지 않았다. 이것은 집을

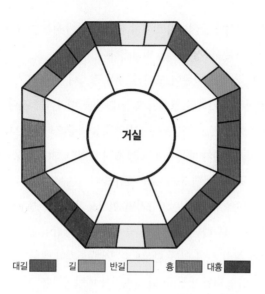

대길 ■ 길 ■ 반길 ■ 흉 ■ 대흉 ■

감싸 기를 완전히 차단하고 음습한 분위기를 연출하기 때문인데 거실에도 이런 덩굴식물을 두면 모든 일이 꼬이고 뒤틀리는현상이 발생한다고 해서 반드시 피한다. 식물은 잎이 넓은 활엽수로 높이가 낮고 산소를 많이 뿜어낼 수 있는 것들을 적당히배치해두는 것이 가장 좋은 방법이다.

부잣집에 가면 장식용으로 동물의 머리를 박제로 하여 벽에걸어두기도 하는데, 목이 잘린 동물의 머리를 집안에 장식하는것 자체가 음기와 사기를 불러들인다. 사람이 사는 곳에 죽은동물의 흔적을 남겨두는 것은 풍수적으로 볼 때 무덤을 만드는것과 마찬가지로 매우 바람직하지 못한 행위다. 원래는 동물도 절대로 거실에 들여놓지 말아야 한다. 사람이 사는 곳에는 사람이 살 수 있는 환경이 가장 바람직하다.

한편, 거실은 가족이 모이는 중심 장소다. 따라서 미술품이나 장식품은 가족과 관련이 있는 것들을 배치하는 것이 좋고, 그림은 화사한 느낌의 꽃이나 자연풍경이 좋으며, 추상화는 기를 흐트러뜨리기 때문에 절대로 걸지 말아야 한다. 골동품이나 고가구도 가능하면 두지 않는 것이 좋다.

가장 중요한 소파는 가능하면 현관문이 보이도록 배치하여 주택으로 비유하면 배산임수, 즉 뒤쪽은 안정감이 들고 앞쪽은 시야가 훤히 트여 있는 형식으로 꾸미는 것이 좋다. 이왕이면 ㄱ자처럼 둘레를 만들 수 있는 배치가 바람직하다.

거실 인테리어의 가장 기본적인 내용은 어지럽거나 산만하지 않은 안정감과 편안함이다.

주방

주방은 현관문, 안방과 함께 양택풍수에서 가장 중요하게 생각하는 양택삼요에 해당한다. 따라서 현관문의 방위에 따라 오행상생을 할 수 있는 위치, 현관문과 같은 사택에 배치되어야 한다. 즉, 안방과 마찬가지로 현관문이 남동쪽에 있으면, 남동쪽은 오행으로 볼 때 목(木)에 해당하니 주방은 목생화(木生火)

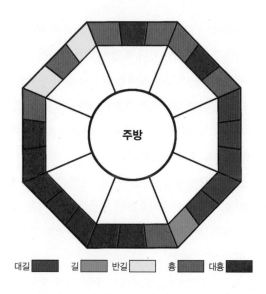

대길 ■ 길 ■ 반길 ■ 흉 ■ 대흉 ■

의 화(火)에 해당하는 남쪽에 위치하거나 수생목(水生木)의 상
생을 만들어내는 수(水)의 방위, 즉 북쪽에 위치해야 상생의 기
운으로 주방의 기가 활기를 띤다. 만약 현관문이 목(木)에 해당
하는 동쪽에 위치하는데 토(土)에 해당하는 남서쪽이나 북동쪽
에 주방을 둔다면 목극토(木克土)가 되어 극을 이루기 때문에
매우 나쁘다. 반대로, 金에 해당하는 북서쪽이나 서쪽에 주방
을 만드는 것 역시 금극목(金克木)이 되어 극을 이루기 때문에
매우 나쁜 배치다.

　그리고 주방은 기본적으로 음식을 만드는 곳으로 물(水)과
불(火)이 공존하여 자체적으로 상극 관계(水克火)기 때문에 이

관계를 해소할 수 있도록 통풍에 신경을 쓰고 지저분한 화장실이나 현관문 옆은 피해야 한다. 주방이 현관과 가까우면 외부의 공기가 내부로 들어오면서 강력한 화기와 음식 냄새를 포함하기 때문에 내부의 공기는 자연적으로 나빠질 수밖에 없고 기의 순환도 원활할 수 없다. 특히, 북동쪽 귀문방이나 남서쪽 이귀문방에는 절대로 주방을 두지 않는다.

일반적으로 주방에 잘 맞는 방위는 동쪽(震方), 북쪽(坎方), 북서쪽(乾方)이지만 현실적으로는 현관문의 사택과 오행상생 관계를 잘 살펴 통풍이 잘 되고 어느 정도 볕이 드는 장소를 선택해야 한다.

한편, 지저분한 쓰레기는 절대로 주방 옆에 방치하지 말고 즉시 치워야 하며, 가스레인지와 수도는 바로 옆에 함께 설치하지 않는다.

그릇은 항상 깨끗하게 닦아 청결을 유지하고 먹다 남은 음식은 보이지 않는 곳(냉장고 등)에 확실하게 갈무리해 두어야 한다.

자녀방

자녀방 역시 현관문과 같은 사택에 배치하는 것이 가장 바람직하지만 안방과 주방을 배치하다 보면 쉬운 일이 아니다. 따라서 기본적으로 팔괘가 상징하는 자녀의 방위에 맞추어 배치하는 것이 바람직하다. 우선, 아이가 한 명인 경우에는 동쪽이나 남동쪽이 가장 좋다는 점은 이해해 두자.

장남 – 동쪽

동쪽은 태양이 떠오르는 방위로 장래성과 희망을 상징한다. 이 방위에 자녀방을 설치하면 끊임없이 새로운 에너지를 받게 되어 희망, 성장, 발전, 결단, 판단, 정직, 순수함을 갖출 수 있고 동시에 건강한 아이로 성장한다.

차남 – 북쪽

북쪽은 공부하기 가장 적합한 방위다. 너무 따뜻하지 않은 차가운 기운이 정신을 맑게 하여 집중력을 높여주기 때문이다. 단, 정신적으로는 많은 성장을 보이지만, 육체적으로는 운동 능력이 부족한 아이로 자라기 쉽다. 따라서 저학년보다는 고학년의 아이에게 더 잘 어울리며 수험생에게는 매우 좋은 방위다.

셋째 아들 이하 – 북동쪽

북동쪽은 귀문방에 해당하여 기피하는 방위지만, 셋째 아들 이후라면 또는 어린아이라면 공부방으로 잘 어울린다. 서늘한 기운(북쪽)과 새로운 탄생의 기운(동쪽)이 합쳐지는 곳이기 때문에 공부에 집중하기도 좋고 활발한 아이로 자랄 수 있기 때문

이다. 단, 정북동보다는 약간 동쪽으로 치우친 형태로 설치하는
것이 좋다.

장녀 – 남동쪽

남동쪽은 손방(巽方)으로 바람을 상징한다. 바람은 약간의
틈만 있어도 드나들 수 있고 깊은 곳까지 침투할 수 있기 때문
에 협조성이 강해지고, 동쪽의 신선한 에너지와 남쪽의 따뜻한
햇볕을 받아 성장하는 데에 필요한 에너지를 충분히 확보할 수
있다. 특히 협조성이 중요한 여자아이에게 잘 어울리는 방위다.
만약 집이 2층 단독이라면 자녀방은 2층의 남동쪽에 설치하는
것이 좋다.

차녀 – 남쪽

남쪽은 뜨거운 기운이 가장 강해서 활발하고 활동적인 아이
로 성장하는 데에 도움을 준다. 첫째는 믿음직하고 의젓하며,
막내는 자기 위주로 행동하기 쉽지만, 둘째는 위아래 형제 사
이에 끼어 있기 때문에 활발한 성격을 갖추어야 적절한 관계를
유지할 수 있다. 따라서 이 방위는 둘째에게 잘 어울린다. 특히
창조적이고 예술적인 감각을 갖추는 데 도움이 된다.

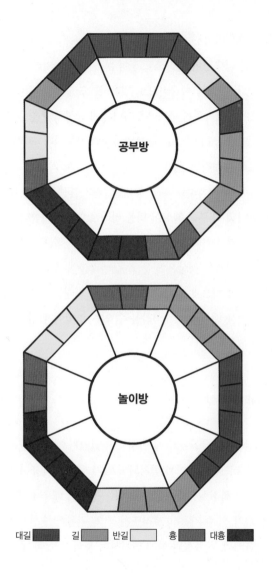

대길 ■ 길 ■ 반길 □ 흉 ■ 대흉 ■

셋째 딸 이하 - 서쪽

서쪽은 감수성이 예민하고 정이 많은 아이로 자라는 데에 도움이 된다. 따라서 예술적으로 빛을 볼 수 있고 다정다감하여 인간적으로 성숙하기 쉽다. 단, 지나치게 감성적일 경우에는 활력을 잃기 쉬우니 이 부분을 보완하려면 운동이나 레저를 즐길 수 있도록 배려하면 된다.

자녀 방에 배치하는 가구 중에서 특히 신경을 써야 하는 것이 책상인데, 대부분 책상이 벽을 바라보도록 설치한다. 하지만 이것은 방과 등을 지고 자신만의 공간에 파묻히는 결과를 낳기 때문에 가능하면 책상은 방문 쪽을 바라볼 수 있는 방향, 즉 벽을 등지는 방향으로 설치하는 것이 좋다. 침대는 안방과 마찬가지로 방문을 대각선으로 바라볼 수 있는 방향에 설치하는 것이 바람직하다.

욕실과 화장실

예전에는 화장실이 밖에 설치되어 있었기 때문에 문제가 없었지만, 요즘에는 집안에 설치되어 있기 때문에 작용이 매우 강하다. 특히 화장실은 분뇨를 처리하는 장소기 때문에 냄새와 독기(毒氣)가 맑은 기를 흐트러뜨려 기의 원활한 순환을 방해한다. 또한 대부분 욕실과 함께 위치하여 물의 온도 차이, 습도 등

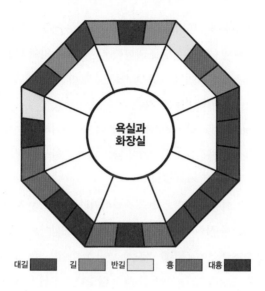

대길 ■ 길 ■ 반길 ■ 흉 ■ 대흉 ■

다양한 측면에서 기를 방해한다.

따라서 욕실과 화장실은 기가 드나드는 장소, 즉 북동쪽과 남서쪽은 반드시 피해야 한다. 다른 방들도 그렇지만 귀문방과 이귀문방에 해당하는 북동쪽과 남서쪽에 욕실이나 화장실이 위치할 경우 집안으로 드나드는 기가 오염되어 혼탁해진다.

현실적으로도 아무리 깨끗하게 관리하더라도 냄새, 곰팡이, 세균 등으로 다양한 질병을 유발할 수 있는 곳이 화장실과 주방이다. 따라서 화장실은 집의 중심부, 귀문방, 이귀문방은 반드시 피해서 설치해야 하고 안방이나 주방과도 분명하게 거리를 두어야 한다.

최근의 주택은 안방에 화장실이 딸려 있는 경우가 많은데 이런 경우에는 화장실과 방을 확실하게 분리하고 잎이 넓은 관엽식물 등을 이용하여 화장실 공기를 맑게 바꿀 수 있도록 해야 한다. 통풍은 말할 필요도 없다.

또, 동사택이라면는 서사택 방위에, 서사택이라면 동사택 방위에 욕실과 화장실을 설치하여 맑은 기가 순환하는 공간과 확실하게 구별하는 것이 좋다.

조명은 가능하면 밝게 하되 반짝이거나 색깔 있는 조명은 피한다. 화려한 장식보다는 단조롭고 심플한 느낌이 들도록 꾸미고 청결과 건조에 신경을 쓰도록 한다. 또, 탈취제를 사용할 경우 기를 흐트러뜨리는 작용을 하지 않도록 은은한 향을 사용하는 것이 바람직하다.

기본적으로는 동쪽, 서쪽, 북쪽, 남동쪽 방위가 좋고 귀퉁이보다는 한쪽 선의 중심점과 꼭짓점의 중간 지점에 설치하는 것이 좋다.

주변 시설과 풍수

천장

천장은 집안의 기가 모여 머무르는 장소다. 요즘 아파트는 천장이 2.3~2.4m 정도로 그다지 높지 않다. 여기에는 더 많은 층을 올리기 위한 목적이 포함되어 있다.

하지만 기본적으로 육면체를 그렸을 때, 넓이를 만드는 가로 세로의 변과 비슷한 높이를 유지하는 것이 가장 좋다. 즉, 가로 세로가 3m 정도라면 천장의 높이도 3m 정도가 적당하다. 그 이유는 기의 상승과 관련이 있다. 사방으로 넓기는 한데 높이가 낮으면, 기가 사방으로 퍼지기는 하지만 솟구치는 현상은 보이지 않는다.

발전은 수평적 발전도 있지만 수직적 발전도 있다. 수평적 발전은 확대를 의미하고 수직적 발전은 향상을 의미한다. 따라서 금전적으로 풍요로울수록 천장이 높다.

서유럽의 건축을 보면 가운데의 천장이 매우 높고 사방으로 갈수록 낮아지는데, 이것은 중심을 주인의 자리로 보고 주변을 사용인의 공간으로 보아 이른바 건축물에 서열을 매긴 것이다. 물론, 우리에게 이런 서열 따위는 필요 없다. 하지만 낮은 천장은 답답함을 연출하기 때문에 가능하면 약간 높은 듯한 형태가 좋다. 중심 부분이 주변보다 높으면 시원한 느낌도 들고 기가 중심으로 모이고 솟아오르는 형태를 취하기 때문이다. 물론, 지나치게 높으면 현실감이 없기 때문에 나쁘다.

중심 부분이 낮고 사방이 높은 천장은 보기 드물지만, 이런 천장은 당연히 기가 눌리고 분산되는 현상을 보이기 때문에 아무리 독특한 인테리어를 생각한다고 해도 절대로 피해야 한다. 대들보가 내려와 있는 경우에도 마찬가지다. 즉, 두 개의 방을 합쳐서 하나로 만들면 중심부의 대들보가 그대로 남아 있는데, 어떤 경우에도 집안의 중심은 내려와서는 안 된다. 기둥이 서 있는 것 역시 마찬가지다. 중심 부분의 눌림 현상은 가장의 쇠퇴를 의미해서 집안이 일어날 수 없다.

요즘 흔히 볼 수 있는 평평한 천장은 특별히 길흉을 따질 대상은 아니고 평범하다고 보면 된다. 하지만 단독주택이나 전원주택을 지을 경우에는 가능하면 중심 부분의 천장을 약간 높게 만드는 것이 바람직하다.

계단

전원주택을 지을 때 고급스럽게 만들기 위해, 또는 공간 활용을 위해 2층 이상으로 건축하는 경우가 많다. 이때 문제가 되는 것이 계단이다. 농가가 아니  라면 대부분 실내에 계단을 만든다. 계단이 중요한 의미가 있는 이유는 1층과 2층을 오가는 기의 통로로 작용하기 때문이다. 따라서 중앙 부분은 절대로 침범하지 말아야 한다.

천장에서 중심을 매우 중시하듯 집안의 중심은 가능하면 높고 시원해야 하는데, 계단이 중심 부분에 있으면 기가 중심을 위주로 순환하게 되어 집안에 우환이 끊이지 않는다.

가장 좋은 위치는 가장자리, 특히 기가 드나드는 현관문 근처다. 현관문 근처는 문을 여닫을 때마다 내부와 외부의 공기가 순환하기 때문에 자연스럽게 2층으로도 기가 오르내리게 된다. 즉, 1층집과 큰 차이가 없다.

계단은 가능하면 완만한 경사를 이루도록 하고 밝은 분위기를 연출할 수 있도록 만들어야 한다. 계단이 너무 어두우면 기가 순환할 때 음기로 변하기 쉽기 때문이다. 나선형 계단도 피하는 것이 좋고, 현관문을 열었을 때 마주 보이는 위치 역시 피하는 것이 좋다.

부속건물

단독주택이나 전원주택을 지을 경우에는 차고나 창고 등 부속건물도 짓게 된다. 본채는 주인을 포함하여 가족이 일상적으로 거주하는 건물이고 부속건물은 사람이 거주하지 않는 건물이다. 즉, 창고처럼 지붕과 벽과 기둥이 하나의 공간을 형성한 건물은 모두 부속건물에 해당한다. 차고도 마찬가지다. 단, 지붕이 있다고 해도 양쪽에만 있고 두 군데는 뚫려 있다면, 즉 터널처럼 생겼다면 부속건물이 아니다.

부속건물은 기본적으로 본채보다 높이가 낮고 바닥 면적도 작아야 한다. 그리고 본채와 평행을 이루어야 한다.

이것은 부속건물(타인)이 본채(자신)를 따른다는 의미로, 인간관계에서의 리더십과 발전에 큰 영향을 끼친다. 따라서 본채보

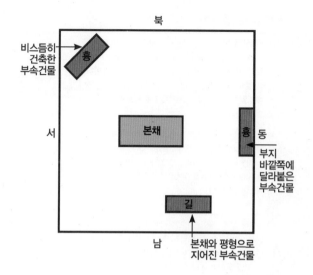

北

비스듬히
건축한
부속건물 → 흉

서

본채

흉 동

부지
바깥쪽에
달라붙은
부속건물

길

남 본채와 평형으로
지어진 부속건물

다 큰 부속건물은 본채를 누르고 스스로를 내세우기 때문에 타인에게 이끌려 가는 현상이 발생할 수 있다.

한편, 부속건물이 비스듬하게 배치되었다면, 처음에는 길한 작용이 있지만 시간이 흐를수록 흉한 작용이 강하게 나타난다.

여기에서는 부속건물을 어느 쪽 방향에 짓는가에 따라 달라질 수 있는 현상들을 소개하기로 한다.

방위별 부속건물 배치

동쪽	동쪽은 활기가 넘치는 젊은 힘이 작용하는 방위로 기세와 활기를 갖추게 해 준다. 따라서 집안에 에너지가 넘치고 새로운 일을 향하여 도전욕과 의욕이 발생한다. 즉, 발육, 발전이라는 바람직한 현상이 나타난다. 단, 본채에 일조권의 영향을 끼치지 않도록 지어야 한다.	
남동쪽	남동쪽은 신용, 대인관계, 종업원, 부하직원을 의미한다. 따라서 남동쪽에 부속건물을 지으면 부하들을 거느리는 것과 같다. 따라서 상점이나 판매점을 운영하는 사람이 이 방위에 부속건물을 지으면 판매실적과 매상이 증가한다.	
남쪽	남쪽에 부속건물을 지으면 지혜가 생성되고 명예를 얻게 되며 가족 중 두뇌가 명석한 사람이 배출된다. 단, 부속건물 때문에 그림자가 형성되어 본채에 그늘이 지면 오히려 반대 작용이 발생해서 배신, 정신적 스트레스 등 나쁜 작용이 나타나기 때문에 주의해야 한다.	
남서쪽	남서쪽은 이귀문방에 해당하여 북동쪽과 마찬가지로 꺼리는 방위다. 이 방위에 부속건물을 지으면 아내에게 나쁜 영향을 끼쳐 가계가 안정되지 못하고 아내의 마음이 심란하여 가정불화가 자주 발생한다. 따라서 이 방위에는 가능하면 부속건물을 짓지 않는 것이 좋다.	
서쪽	서쪽은 금전운과 관련이 깊은 방위다. 따라서 서쪽에 부속건물을 지으면 수입이 확대되고 예상하지 않은 금전적 이익이 증가한다. 투자와 관련된 다양한 제안도 들어오는데, 지나친 욕심을 부리지 말아야 한다. 즉, 정확한 판단과 자기제어를 할 줄 알아야 한다.	

북서쪽	북서쪽은 성공, 독립, 충실이라는 의미가 있다. 따라서 이 방위에 부속건물을 지으면 사람들로부터 존경을 받고, 실질적인 권력이 상승하며, 사회적 지위가 올라간다.	
북쪽	북쪽은 부하직원과의 신뢰를 의미하기 때문에 이 방위에 부속건물을 지으면 주변에 수하들이 모여든다. 그리고 힘이 들 때 수하들이 문제를 해결해 준다. 한편, 금전적으로도 안정된 상태를 유지할 수 있다.	
북동쪽	북동쪽은 귀문방에 해당하여 꺼리는 방위며, 이른바 변화와 상속과 관련이 깊다. 이 방위에 부속건물을 지으면 처음에는 열심히 일하고 꾸준히 저축을 하여 재산이 증가한다. 하지만 시간이 흐를수록 나쁜 쪽으로 기울어지기 때문에 가능하면 이 방위에는 부속건물을 짓지 않는 것이 좋다.	

가상학을 이용한 개운술

가상학의 역리학적 근거

가상학은 집의 모양이나 위치, 조건 등을 보고 그곳에 사는 사람의 운세를 판단하는 역리학과 지리학의 복합적인 학문으로 특히 개운술(開運術) 분야에서 매우 중요한 역할을 담당한다.

개운술은 음양오행의 순환관계와 사주추명학, 팔괘를 활용하는 역학적 방법과 인상학을 이용한 상학적(相學的) 방법, 풍수지리를 이용한 지리학적 방법으로 나눌 수 있는데, 가상학은 이런 방법을 모두 응용한 방법이다.

가상학을 이용한 개운술은 음양과 오행을 중시한다. 음양을 예로 들면 남쪽은 양, 북쪽은 음에 속한다. 집을 지을 때 기본적으로 남쪽을 향해서 짓는 이유는 해가 잘 비치는 곳, 즉 밝은 마음을 가질 수 있고 생활하기에 불편함이 없도록 하기 위한 배려다. 이것은 음양의 이론을 응용한 것이다.

동서남북과 중앙은 오행의 기본방위인데 집을 지을 때는 다섯 개의 방위를 점으로 삼고 각각의 선을 그어 하나의 설계도를 완성한다. 하지만 무조건 남쪽을 향해서 집을 지을 수 있는 것은 아니다. 토지의 조건, 환경 등에 따라서 위치는 얼마든지 바뀔 수 있다. 이 경우 그 집에 살게 될 사람들의 사주를 토대로 집의 방향이나 구조, 모양 등을 선택해야 하는데, 이때 이용하는 것이 사주추명학이다. 또한 방위는 팔괘와 관계가 깊다. 이런 점에서 개운술은 역학적 방법을 활용하는 학문이라고 말할 수 있다.

집은 모양과 생김새가 중요하다. 모양이나 생김새를 보고 운세나 운명을 판단하는 것은 인상학 분야에 속한다. 사람의 얼굴을 보고 그 사람의 과거와 미래를 판단하고 예견하는 인상학이나, 집의 모양이나 생김새를 보고 집의 운세는 물론 집에 사는 사람의 운세를 판단하는 가상학은 같은 분야에 속한다. 이런 점에서 가상학은 상학적 방법을 활용하는 학문이라고 말할 수 있다.

풍수지리는 말 그대로 바람과 물 등 자연현상을 이용해서 지리학적으로 안전하고 생활이 편한 장소를 선택하기 위해서 활용되는 학문이며, 이런 조건에 맞게 지리적 요건들을 활용하여 죽은 사람을 위한 묏자리와 산 사람의 주택을 선택한다. 풍수 지리학은 가능하면 산 사람을 우선하고 그 이후에 죽은 사람을 위한 학문으로 활용해야 옳다. 가상학은 산 사람들을 위한 학문 이다. 즉, 어떻게 하면 쾌적하고 안전한 환경에서 생활할 수 있 는지에 대하여 지리학적 요건들을 조사하고 응용하여 개운술 에 응용한다는 점에서 지리학적 방법을 활용하는 학문이라는 것이다.

이처럼, 가상학은 매우 폭이 넓은 학문이며 보다 보람 있고 유익한 인생을 보내기 위한 개운술 분야에서도 중요한 위치를 차지한다.

현대사회의 가상학

가상학은 중국의 황하 유역을 중심으로 발달한 학문이다. 이 말은 이미 오래전부터 인간사회에 활용되었다는 뜻이다. 그렇 기 때문에 현대사회에 가상학의 이론을 그대로 적용시키기는 어렵다. 하지만 가능하면 인생에 도움이 되는, 운을 여는 방법 을 선택하는 것이 좋다는 의미에서 적극적으로 활용할 필요가 있다. 따라서 여기에서는 독자들이 쉽게 활용할 수 있도록 각각 의 띠를 기준으로 방들을 배치할 때에 활용할 수 있는 간단한

도표를 소개하겠다.

한 가정에는 보통 두 명 이상 산다. 이 경우 두 사람의 띠에 맞는 방위를 선택하는 것이 가장 좋지만 전혀 상반되는 방향이 나온다면 가장의 띠를 중심으로 선택하면 된다.

또한 현관문이 남쪽에 있어야 하는데 동남쪽인 집에 사는 경우도 있다. 이럴 경우 현관문에 화분을 놓거나 칸막이나 커튼을 설치하는 식으로 방향과 위치에 간접적으로 변화를 주면, 그것이 개운술의 활용이 된다. 마찬가지로 차고가 서쪽에 있어야 하는데 남쪽인 경우라면, 자동차의 앞이 서쪽을 향하도록 하면 된다. 이런 식으로 반드시 그 방향에 위치해야 한다는 인식을 버리자. 그 방향에 위치할 수 없는 환경이라면 그것을 막거나 변화를 주는 식으로 응용하는 것이 바로 개운술이다.

여기에서는 15곳의 위치관계를 통해서 운을 여는 방법을 설명하기로 한다. 그리고 위치가 맞지 않을 경우에 발생하는 집안의 불행이나 질병, 사회생활에서 발생하게 되는 문제점 등을 설명할 것이다. 도표를 보는 방법은 다음과 같다. 그리고 각각의 띠는 음력을 기준으로 판단한다.

◎ : 가장 좋은 방향　　　　○ : 좋은 방향

◇ : 보통　　　　　　　　　△ : 피해야 할 방향

× : 반드시 피해야 할 방향

쥐띠

쥐띠(子年生)는, 방위는 북쪽, 오행에서는 수(水), 음양에서는 음(陰)의 기운을 포함하고 있는 양(陽), 팔괘에서는 감(坎), 색깔로는 검은색, 계절로는 겨울, 오상(五常)에서는 지혜, 오성(五性)에서는 온화, 오미(五味)에서는 짠맛, 오관(五官)에서는 귀, 오장(五臟)에서는 신장, 육부(六腑)에서는 방광, 오체(五體)에서는 뼈, 오축(五畜)에서는 돼지, 오취(五臭)에서는 썩은 냄새, 오과(五菓)에서는 밤, 육신(六神)에서는 현무(玄武), 구성학에서는 일백수성(一白水星)에 속한다.

밝은 생활을 하려면 좌향을 남쪽에 맞추어야 하며, 액을 막고 운을 열 수 있도록 서쪽이나 북쪽에 커튼이나 화분 등 차단 역할을 하는 것을 설치해야 한다.

각각의 장소가 나쁜 방향에 위치한다면, 생식기·배설 계통의 질병에 걸릴 확률이 높고, 재산을 날리거나 사업에 실패하며, 섹스장애가 발생해서 부부 사이에 금이 가거나, 지혜부족, 조상의 액운, 법률상의 문제가 발생하여 어려움을 겪는다.

장소 \ 방향	중앙	동	남동	남	남서	서	북서	북	북동
대문	×	◇	○	◎	○	◇	△	×	◇
현관문	×	◇	○	◎	○	△	△	×	△
수도	×	△	△	△	△	○	◎	○	○
욕실	×	△	△	△	◇	○	◎	○	○
화장실	×	△	△	△	◇	◎	○	○	○
안방	×	○	◎	○	○	◇	△	×	△
노인방	×	◇	○	○	◎	◇	△	×	○
자녀방	×	○	◎	◇	○	△	△	×	○
계단	×	◇	◇	◇	◇	○	○	○	◎
정원	×	◇	○	◎	○	◇	◇	△	◇
거실	◎	○	○	◇	○	◇	△	×	△
서재	×	◇	○	○	◎	△	◇	×	○
차고	×	△	△	△	◇	○	○	○	◎
부엌	×	△	△	△	△	○	◎	○	◇
창고	×	△	△	△	◇	◎	○	○	◇
연못	×	◇	△	◇	◇	◇	◎	○	○

쥐띠의 위치관계

소띠

소띠(丑年生)는, 방위는 북동쪽, 오행에서는 토(土), 음양에서는 음(陰), 팔괘에서는 간(艮), 색깔로는 노란색, 계절로는 사계절, 오상(五常)에서는 믿음, 오성(五性)에서는 관용, 오미(五味)에서는 단맛, 오관(五官)에서는 몸, 오장(五臟)에서는 비장, 육부(六腑)에서는 위장, 오체(五體)에서는 살(肉), 오축(五畜)에서는 소, 오취(五臭)에서는 향기, 오과(五菓)에서는 대추, 육신(六神)에서는 승사(勝蛇), 구성학에서는 팔백토성(八白土星)에 속한다.

밝은 생활을 하려면 좌향을 남서쪽에 맞추어야 하며, 액을 막고 운을 열 수 있도록 커튼이나 화분 등 차단역할을 하는 것은 북동쪽이나 북쪽에 설치해야 한다.

각각의 장소가 나쁜 방향에 위치한다면, 관절 이상, 소화기·비장·위장·산부인과 계통의 질병에 걸릴 확률이 높고, 부동산을 날리거나 저축이 줄어들며, 잘못된 신앙에 빠져서 정신적으로 문제가 발생하거나 동업자의 배신으로 상당한 피해를 보게 된다.

방향 / 장소	중앙	동	남동	남	남서	서	북서	북	북동
대문	×	○	◎	○	○	◇	△	×	△
현관문	×	○	○	◎	○	△	△	×	△
수도	×	△	×	×	×	◎	○	◇	◇
욕실	×	△	△	△	○	◇	◎	◇	○
화장실	×	△	△	△	△	○	◎	○	△
안방	×	○	○	◎	○	△	△	×	△
노인방	×	○	◎	○	○	◇	△	×	◇
자녀방	×	○	○	◇	◎	△	△	×	○
계단	×	◇	◇	◇	◇	○	○	○	◎
정원	×	◇	◎	○	○	△	△	×	◇
거실	◎	○	○	◇	○	×	△	×	△
서재	×	△	○	◇	◎	△	◇	×	○
차고	×	◇	△	◇	◇	○	◎	○	○
부엌	×	◇	◇	◇	◇	○	◇	○	◎
창고	×	△	△	○	◇	○	◎	○	◇
연못	×	◇	△	◇	◇	◇	◎	○	○

소띠의 위치관계

호랑이띠

　호랑이띠(寅年生)는, 방위는 북동쪽, 오행에서는 목(木), 음양에서는 양(陽), 팔괘에서는 간(艮), 색깔로는 파란색, 계절로는 이른 봄, 오상(五常)에서는 어진 마음, 오성(五性)에서는 인애(仁愛), 오미(五味)에서는 신맛, 오관(五官)에서는 눈, 오장(五臟)에서는 간장, 육부(六腑)에서는 간과 담낭, 오체(五體)에서는 근육, 오축(五畜)에서는 개, 오취(五臭)에서는 누린내, 오과(五菓)에서는 자두, 육신(六神)에서는 청룡(靑龍), 구성학에서는 팔백토성(八白土星)에 속한다.

　밝은 생활을 하려면 좌향을 남서쪽에 맞추어야 하며, 액을 막고 운을 열 수 있도록 커튼이나 화분 등 차단역할을 하는 것을 북서쪽이나 북쪽에 설치해야 한다.

　각각의 장소가 나쁜 방향에 위치한다면, 신경·내분비·안과 계통과 근육의 질병에 걸릴 확률이 높고, 생활이 나쁜 방향으로 변화하게 되며, 친구의 배신을 당할 위험성이 크다.

장소＼방향	중앙	동	남동	남	남서	서	북서	북	북동
대문	×	◇	◎	○	○	◇	△	×	◇
현관문	×	◇	○	○	◎	◇	◇	×	△
수도	×	△	×	×	△	○	○	○	◎
욕실	×	△	◇	△	○	○	◎	◇	○
화장실	×	△	△	○	◇	○	○	◎	○
안방	×	◎	○	○	◇	◇	△	×	×
노인방	×	◇	○	○	◎	×	△	×	◇
자녀방	×	○	○	◎	○	△	△	×	○
계단	×	◇	△	◇	◇	○	○	○	◎
정원	×	◇	○	○	◎	◇	◇	△	◇
거실	◎	○	◇	○	○	◇	△	×	△
서재	×	◇	○	◇	○	△	◇	×	◎
차고	×	△	△	△	◇	○	◎	○	◇
부엌	×	△	×	×	△	◎	○	○	◇
창고	×	○	△	△	◇	○	◎	○	◇
연못	×	◎	△	◇	◇	◇	○	○	○

호랑이띠의 위치관계

토끼띠

토끼띠(卯年生)는, 방위는 동쪽, 오행에서는 목(木), 음양에서는 음(陰), 팔괘에서는 진(震), 색깔로는 파란색, 계절로는 늦은 봄, 오상(五常)에서는 사랑, 오성(五性)에서는 인애(仁愛), 오미(五味)에서는 신맛, 오관(五官)에서는 눈, 오장(五臟)에서는 간장, 육부(六腑)에서는 간과 담낭, 오체(五體)에서는 근육, 오축(五蓄)에서는 개, 오취(五臭)에서는 누린내, 오과(五菓)에서는 자두, 육신(六神)에서는 청룡(靑龍), 구성학에서는 삼벽목성(三碧木星)에 속한다.

밝은 생활을 하려면 좌향을 남동쪽에 맞추어야 하며, 액을 막고 운을 열 수 있도록 커튼이나 화분 등 차단역할을 하는 것을 북동쪽이나 북쪽에 설치해야 한다.

각각의 장소가 나쁜 방향에 위치한다면, 신경·내분비·안과 계통의 질병에 걸릴 확률이 높고, 행동의 자유를 빼앗기거나 새로운 일에서 실패할 위험성이 크다.

방향 장소	중앙	동	남동	남	남서	서	북서	북	북동
대문	×	○	○	◎	○	◇	×	×	◇
현관문	×	◇	◎	○	○	△	△	×	△
수도	×	△	△	×	△	○	◎	○	○
욕실	×	◇	△	△	◇	○	◎	◇	◇
화장실	×	×	△	△	◇	◎	○	○	○
안방	×	○	◎	○	○	×	△	×	◇
노인방	×	◇	◎	○	○	◇	△	×	◇
자녀방	×	○	○	◇	◎	△	×	×	○
계단	×	○	○	○	◇	△	△	△	◎
정원	×	◇	◎	○	○	◇	◇	△	◇
거실	○	◇	○	◎	○	×	△	×	◇
서재	×	◇	○	○	◎	△	◇	×	○
차고	×	◎	○	◇	◇	◇	△	◇	○
부엌	×	◇	△	△	◇	○	◇	○	◎
창고	×	△	◇	△	○	◎	○	◇	◇
연못	×	◇	△	◎	◇	◇	○	◇	◇

토끼띠의 위치관계

용띠

용띠(辰年生)는, 방위는 남동쪽, 오행에서는 토(土), 음양에서는 양(陽), 팔괘에서는 손(巽), 색깔로는 노란색, 계절로는 사계절, 오상(五常)에서는 믿음, 오성(五性)에서는 관용, 오미(五味)에서는 단맛, 오관(五官)에서는 몸, 오장(五臟)에서는 비장, 육부(六腑)에서는 위장, 오체(五體)에서는 살(肉), 오축(五蓄)에서는 소, 오취(五臭)에서는 향내, 오과(五菓)에서는 대추, 육신(六神)에서는 구진(句陳), 구성학에서는 사록목성(四綠木星)에 속한다.

밝은 생활을 하려면 좌향을 남동쪽에 맞추어야 하며, 액을 막고 운을 열 수 있도록 커튼이나 화분 등 차단역할을 하는 것을 북서쪽이나 북쪽에 설치해야 한다.

각각의 장소가 나쁜 방향에 위치한다면, 소화기 계통과 척추·치질 등의 질병에 걸릴 확률이 높고, 대인관계가 힘들거나 신용 실추, 혼담 파기, 수입 감소 등의 피해를 보게 된다.

장소＼방향	중앙	동	남동	남	남서	서	북서	북	북동
대문	×	◇	○	◎	○	◇	△	×	◇
현관문	×	◇	○	◎	○	△	△	×	△
수도	×	△	△	△	△	○	○	◎	○
욕실	×	○	◇	△	◎	○	◇	○	◇
화장실	×	△	△	△	○	◎	◇	○	△
안방	×	○	◎	○	○	◇	△	×	△
노인방	×	○	○	◇	◎	◇	△	×	○
자녀방	×	◎	○	◇	○	×	×	×	○
계단	○	◇	◇	○	◎	○	◇	◇	○
정원	×	◇	○	◎	○	◇	◇	×	△
거실	◎	○	○	◇	○	×	△	×	◇
서재	×	◇	◎	○	○	△	◇	×	○
차고	×	△	△	△	◇	○	◎	○	◇
부엌	×	△	◇	◇	◇	○	○	○	◎
창고	×	△	◇	△	◇	◎	◇	◇	○
연못	×	◇	△	◇	◎	◇	◇	○	○

용띠의 위치관계

뱀띠

뱀띠(巳年生)는, 방위는 남동쪽, 오행에서는 화(火), 음양에서는 양(陽)의 기운을 포함한 음(陰), 팔괘에서는 손(巽), 색깔로는 빨간색, 계절로는 늦은 여름, 오상(五常)에서는 예의, 오성(五性)에서는 용기, 오미(五味)에서는 쓴맛, 오관(五官)에서는 혀, 오장(五臟)에서는 심장, 육부(六腑)에서는 소장, 오체(五體)에서는 혈맥, 오축(五畜)에서는 양, 오취(五臭)에서는 타는 냄새, 오과(五菓)에서는 살구, 육신(六神)에서는 주작(朱雀), 구성학에서는 사록목성(四綠木星)에 속한다.

밝은 생활을 하려면 좌향을 남동쪽에 맞추어야 하며, 액을 막고 운을 열 수 있도록 커튼이나 화분 등 차단역할을 하는 것을 북서쪽이나 북동쪽, 북쪽에 설치해야 한다.

각각의 장소가 나쁜 방향에 위치한다면, 안과·심장 계통, 피부병, 소장, 대장, 성병 등의 질병에 걸릴 확률이 높고, 친구나 동료와의 관계가 나쁜 방향으로 흐를 위험성이 크다.

방향 / 장소	중앙	동	남동	남	남서	서	북서	북	북동
대문	×	◎	○	○	◇	×	△	×	◇
현관문	×	◇	○	◎	○	△	△	×	△
수도	×	◎	△	○	△	◇	◇	◇	○
욕실	×	△	△	△	◇	○	◎	○	○
화장실	×	×	×	×	◇	◎	○	○	○
안방	×	◎	○	◇	○	×	△	×	△
노인방	×	◇	○	○	◎	◇	△	×	○
자녀방	×	○	◎	◇	○	△	△	×	○
계단	×	◇	◇	△	◇	○	○	○	◎
정원	×	◇	○	○	◎	◇	◇	△	◇
거실	◎	○	○	◇	○	×	△	×	○
서재	×	◇	○	○	○	△	◇	×	◎
차고	×	◇	◇	◇	△	○	◇	○	◎
부엌	×	◇	△	◇	△	○	◎	○	◇
창고	×	◇	△	△	◇	○	◎	○	◇
연못	×	◇	◇	△	○	◇	◎	○	○

뱀띠의 위치관계

말띠

말띠(午年生)는, 방위는 남쪽, 오행에서는 화(火), 음양에서는 음(陰)의 기운을 포함한 양(陽), 팔괘에서는 이(離), 색깔로는 빨간색, 계절로는 여름, 오상(五常)에서는 예의, 오성(五性)에서는 용감, 오미(五味)에서는 쓴맛, 오관(五官)에서는 혀, 오장(五臟)에서는 심장, 육부(六腑)에서는 소장, 오체(五體)에서는 혈맥, 오축(五蓄)에서는 양, 오취(五臭)에서는 타는 냄새, 오과(五菓)에서는 살구, 육신(六神)에서는 주작(朱雀), 구성학에서는 구자화성(九紫火星)에 속한다.

밝은 생활을 하려면 좌향을 동쪽에 맞추어야 하며, 액을 막고 운을 열 수 있도록 커튼이나 화분 등 차단역할을 하는 것을 북서쪽이나 서쪽에 설치해야 한다.

각각의 장소가 나쁜 방향에 위치한다면, 치과·내과·심장·안과 계통, 혈압 이상 등의 질병에 걸릴 확률이 높고, 상사와의 갈등, 분쟁, 명예훼손, 어음부도, 소송 등의 일로 악운을 가져온다.

방향 장소	중앙	동	남동	남	남서	서	북서	북	북동
대문	×	◇	○	◎	○	×	△	×	◇
현관문	×	◇	◎	○	○	×	△	×	△
수도	×	△	△	◇	△	○	◎	○	○
욕실	×	◇	△	△	◇	○	◎	○	○
화장실	×	△	△	△	◇	◎	○	○	○
안방	×	○	◎	○	○	◇	△	×	△
노인방	×	◇	○	○	◎	◇	△	×	○
자녀방	×	○	○	◎	○	△	△	×	◇
계단	×	◇	◇	◇	◇	○	◇	○	◎
정원	×	◇	◎	○	○	◇	◇	△	◇
거실	◎	○	○	◇	○	△	△	×	◇
서재	×	◎	○	◇	○	△	◇	×	○
차고	×	△	◇	△	◇	○	○	○	◎
부엌	×	△	×	×	△	○	◎	○	◇
창고	×	△	△	△	◇	◎	○	○	◇
연못	×	◇	◇	◇	△	◇	◎	◇	○

말띠의 위치관계

양띠

양띠(未年生)는, 방위는 남서쪽, 오행에서는 토(土), 음양에서는 음(陰), 팔괘에서는 곤(坤), 색깔로는 노란색, 계절로는 사계절, 오상(五常)에서는 믿음, 오성(五性)에서는 관용, 오미(五味)에서는 단맛, 오관(五官)에서는 몸, 오장(五臟)에서는 비장, 육부(六腑)에서는 위장, 오체(五體)에서는 살(肉), 오축(五畜)에서는 소, 오취(五臭)에서는 향기, 오과(五菓)에서는 대추, 육신(六神)에서는 승사(勝蛇), 구성학에서는 이흑토성(二黑土星)에 속한다.

밝은 생활을 하려면 좌향을 동쪽에 맞추어야 하며, 액을 막고 운을 열 수 있도록 커튼이나 화분 등 차단역할을 하는 것을 북동쪽이나 북쪽에 설치해야 한다.

각각의 장소가 나쁜 방향에 위치한다면, 비장·산부인과 계통, 뇌질환 등의 질병에 걸릴 확률이 높고, 대인관계에서 따돌림을 당하거나 부부 사이에 금이 가기 쉽다.

방향 장소	중앙	동	남동	남	남서	서	북서	북	북동
대문	×	○	○	◎	○	◇	△	×	△
현관문	×	○	○	◎	○	△	△	×	△
수도	×	△	×	×	×	◎	◇	○	○
욕실	×	△	△	△	○	◇	○	◇	◎
화장실	×	△	△	△	△	○	◎	○	△
안방	×	○	○	◎	◇	◇	△	×	△
노인방	×	○	◎	◇	○	◇	△	×	○
자녀방	×	○	○	◇	◎	△	◇	×	○
계단	×	◇	◇	◇	◇	◎	◇	○	◇
정원	×	◇	◎	○	○	◇	◇	×	◇
거실	◎	◇	○	○	○	×	◇	×	△
서재	×	△	○	○	◎	△	◇	×	○
차고	×	◇	△	○	◇	◇	◎	○	◇
부엌	×	△	△	△	◇	○	◇	○	◎
창고	×	△	△	○	◇	○	◎	○	◇
연못	×	◇	△	◇	◇	◇	◎	◇	◇

양띠의 위치관계

원숭이띠

　원숭이띠(申年生)는, 방위는 남서쪽, 오행에서는 금(金), 음양에서는 양(陽), 팔괘에서는 곤(坤), 색깔로는 흰색, 계절로는 가을, 오상(五常)에서는 의리, 오성(五性)에서는 살별, 오미(五味)에서는 매운맛, 오관(五官)에서는 코, 오장(五臟)에서는 폐장, 육부(六腑)에서는 대장, 오체(五體)에서는 피부, 오축(五畜)에서는 닭, 오취(五臭)에서는 비린내, 오과(五菓)에서는 복숭아, 육신(六神)에서는 백호(白虎), 구성학에서는 이흑토성(二黑土星)에 속한다.

　밝은 생활을 하려면 좌향을 남동쪽에 맞추어야 하며, 액을 막고 운을 열 수 있도록 커튼이나 화분 등 차단역할을 하는 것을 북서쪽이나 북쪽에 설치해야 한다.

　각각의 장소가 나쁜 방향에 위치한다면, 해소나 천식, 손발저림, 어깨 통증, 위장 계통의 질병에 걸릴 확률이 높고, 부동산을 날리거나 헛소문에 시달리게 되며, 터무니없는 일에 투자하여 큰 손해를 보게 된다.

장소＼방향	중앙	동	남동	남	남서	서	북서	북	북동
대문	×	○	○	◎	◇	×	△	×	◇
현관문	×	◇	◎	○	○	△	△	×	△
수도	×	△	△	△	△	◎	○	◇	○
욕실	×	△	○	△	◇	○	◎	○	△
화장실	×	◇	△	△	◇	◎	○	○	△
안방	×	○	◎	○	◇	◇	△	×	△
노인방	×	◇	○	○	◎	◇	△	×	○
자녀방	×	○	○	◎	○	△	△	×	○
계단	×	△	◇	◇	◇	○	○	○	◎
정원	×	◇	○	◇	○	◇	◇	△	◎
거실	◎	○	◇	○	○	◇	△	×	◇
서재	×	◇	◎	○	○	△	◇	×	○
차고	×	△	◇	△	◇	◎	◇	○	◇
부엌	×	△	◇	△	△	○	◎	○	◇
창고	×	△	△	△	◇	◎	○	○	◇
연못	×	◇	△	◇	△	◇	◎	○	○

원숭이띠의 위치관계

닭띠

닭띠(酉年生)는, 방위는 서쪽, 오행에서는 금(金), 음양에서는
음(陰), 팔괘에서는 태(兌), 색깔로는 흰색, 계절로는 가을, 오상
(五常)에서는 의리, 오성(五性)에서는 살벌, 오미(五味)에서는 매
운맛, 오관(五官)에서는 코, 오장(五臟)에서는 폐장, 육부(六腑)
에서는 대장, 오체(五體)에서는 피부, 오축(五蓄)에서는 닭, 오취
(五臭)에서는 비린내, 오과(五菓)에서는 복숭아, 육신(六神)에서
는 백호(白虎), 구성학에서는 칠적금성(七赤金星)에 속한다.

밝은 생활을 하려면 좌향을 동쪽에 맞추어야 하며, 액을 막
고 운을 열 수 있도록 커튼이나 화분 등 차단역할을 하는 것을
북동쪽이나 북쪽에 설치해야 한다.

각각의 장소가 나쁜 방향에 위치한다면, 폐장·이비인후·산
부인과·호흡기 계통의 질병에 걸릴 확률이 높고, 결혼이나 연
애에 실패, 성 기능 장애, 금융사고, 재산손실 등의 피해를 보게
된다.

방향 장소	중앙	동	남동	남	남서	서	북서	북	북동
대문	×	○	○	◎	◇	◇	△	×	△
현관문	×	○	○	◎	○	△	△	×	△
수도	×	◇	△	△	△	○	◎	◇	○
욕실	×	△	△	◇	◇	○	◇	◇	◎
화장실	×	△	△	△	◇	◎	○	○	◇
안방	×	○	◎	○	○	◇	△	×	◇
노인방	×	◇	○	○	◎	◇	△	×	◇
자녀방	×	○	◎	◇	○	△	△	×	◇
계단	×	○	○	○	△	◇	◇	◇	◎
정원	×	◇	○	◎	○	△	△	×	◇
거실	◎	○	○	◇	△	◇	△	×	△
서재	×	◇	○	◇	◎	△	◇	×	○
차고	×	◇	△	△	◇	○	○	△	◎
부엌	×	◇	△	×	△	○	◎	○	◇
창고	×	△	△	△	◇	◎	◇	○	◇
연못	×	◇	△	◇	○	◇	◎	◇	○

닭띠의 위치관계

개띠

개띠(戌年生)는, 방위는 북서쪽, 오행에서는 토(土), 음양에서는 양(陽), 팔괘에서는 건(乾), 색깔로는 노란색, 계절로는 사계절, 오상(五常)에서는 믿음, 오성(五性)에서는 관용, 오미(五味)에서는 단맛, 오관(五官)에서는 몸, 오장(五臟)에서는 비장, 육부(六腑)에서는 위장, 오체(五體)에서는 살(肉), 오축(五畜)에서는 소, 오취(五臭)에서는 향내, 오과(五菓)에서는 대추, 육신(六神)에서는 구진(句陳), 구성학에서는 육백금성(六白金星)에 속한다.

밝은 생활을 하려면 좌향을 남동쪽에 맞추어야 하며, 액을 막고 운을 열 수 있도록 커튼이나 화분 등 차단역할을 하는 것을 북서쪽이나 북쪽에 설치해야 한다.

각각의 장소가 나쁜 방향에 위치한다면, 소화기 계통과 척추·늑막 이상 등의 질병에 걸릴 확률이 높고, 관공서에 출입할 일이 많아지며, 독재적인 사고방식에 사로잡혀 대인관계에서 큰 피해를 보게 된다.

방향 장소	중앙	동	남동	남	남서	서	북서	북	북동
대문	×	◇	○	◎	○	◇	△	×	◇
현관문	×	◇	◎	○	◇	△	△	×	△
수도	×	△	△	△	△	○	◎	○	◇
욕실	×	△	△	△	◇	○	◎	○	◇
화장실	×	△	△	△	○	◎	◇	◇	◇
안방	×	○	○	◎	○	◇	△	×	△
노인방	×	◇	◎	○	○	◇	△	×	○
자녀방	×	○	○	◎	○	△	△	×	○
계단	×	○	◇	△	◇	○	◇	○	◎
정원	×	◇	○	◎	◇	○	◇	△	◇
거실	◎	○	○	○	◇	◇	×	×	×
서재	×	◎	○	○	◇	△	◇	×	○
차고	×	△	◇	△	◇	○	◇	◇	◎
부엌	×	◇	×	×	△	○	◎	○	◇
창고	×	△	△	◇	◇	◎	○	○	◇
연못	×	◇	△	◇	◇	△	◎	○	○

개띠의 위치관계

133

돼지띠

돼지띠(亥年生)는, 방위는 북서쪽, 오행에서는 수(水), 음양에서는 양(陽)의 기운을 포함하고 있는 음(陰), 팔괘에서는 건(乾), 색깔로는 검은색, 계절로는 겨울, 오상(五常)에서는 지혜, 오성(五性)에서는 온화, 오미(五味)에서는 짠맛, 오관(五官)에서는 귀, 오장(五臟)에서는 신장, 육부(六腑)에서는 방광, 오체(五體)에서는 뼈, 오축(五畜)에서는 돼지, 오취(五臭)에서는 썩은 냄새, 오과(五菓)에서는 밤, 육신(六神)에서는 현무(玄武), 구성학에서는 육백금성(六白金星)에 속한다.

밝은 생활을 하려면 좌향을 남동쪽에 맞추어야 하며, 액을 막고 운을 열 수 있도록 커튼이나 화분 등 차단역할을 하는 것을 서쪽이나 북동쪽에 설치해야 한다.

각각의 장소가 나쁜 방향에 위치한다면, 뇌질환, 비뇨기·생식기 계통의 질병에 걸릴 확률이 높고, 자본부족, 사치, 허세, 도박 등으로 재산을 날리게 될 위험성이 높으며, 부부 사이의 정이 멀어진다.

방향 장소	중앙	동	남동	남	남서	서	북서	북	북동
대문	×	◇	○	◎	○	◇	△	×	◇
현관문	×	◇	○	◎	◎	◇	△	×	△
수도	×	◇	△	△	△	○	◇	○	◎
욕실	×	◇	△	△	◇	○	◇	○	◎
화장실	×	○	△	△	◎	◇	○	○	○
안방	×	○	○	○	◎	◇	△	×	△
노인방	×	◇	◎	○	◇	◇	△	×	○
자녀방	×	○	○	◎	○	△	◇	×	○
계단	×	○	◇	◇	◇	◇	◇	◎	○
정원	×	◇	○	◎	○	○	△	△	◇
거실	◎	◇	◇	◇	○	◇	△	×	△
서재	×	◇	○	○	◎	△	◇	×	◇
차고	×	◇	○	◇	△	◇	◇	×	◎
부엌	×	△	◇	△	△	○	◎	◇	◇
창고	×	△	◇	△	◇	○	◎	○	△
연못	×	◇	△	◇	◇	○	◎	◇	○

돼지띠의 위치관계

가상학(家相學) 좋은 집을 고르기 위한 풍수인테리어

펴낸날	초판 1쇄 2014년 5월 19일

지은이	이태룡
펴낸이	심만수
펴낸곳	(주)살림출판사
출판등록	1989년 11월 1일 제9-210호

주소	경기도 파주시 광인사길 30
전화	031-955-1350 팩스 031-624-1356
기획·편집	031-955-4671
홈페이지	http://www.sallimbooks.com
이메일	book@sallimbooks.com

ISBN	978-89-522-2877-2 04080

※ 값은 뒤표지에 있습니다.
※ 잘못 만들어진 책은 구입하신 서점에서 바꾸어 드립니다.

이 도서의 국립중앙도서관 출판시도서목록(CIP)은 서지정보유통지원시스템 홈페이지
(http://seoji.nl.go.kr)와 국가자료공동목록시스템(http://www.nl.go.kr/kolisnet)에서
이용하실 수 있습니다.(CIP제어번호: CIP2014012674)

책임편집 박종훈

026 미셸 푸코

eBook

양운덕(고려대 철학연구소 연구교수)

더 이상 우리에게 낯설지 않지만, 그렇다고 손쉽게 다가가기엔 부담스러운 푸코라는 철학자를 '권력'이라는 열쇠를 가지고 우리에게 열어 보여 주는 책. 권력은 어떻게 작용하는가에서 논의를 시작하여 관계망 속에서의 권력과 창조적 · 생산적 · 긍정적인 힘으로서의 권력을 이야기해 준다.

027 포스트모더니즘에 대한 성찰

eBook

신승환(가톨릭대 철학과 교수)

포스트모더니즘의 역사와 논의를 차분히 성찰하고, 더 나아가 서구의 근대를 수용하고 변용시킨 우리의 탈근대가 어떠한 맥락에서 이해되는지를 밝힌 책. 저자는 오늘날 포스트모더니즘으로 대변되는 탈근대적 문화와 철학운동은 보편주의와 중심주의, 전체주의와 이성 중심주의에 대한 거부이며, 지금은 이 유행성의 뿌리를 성찰해 볼 때라고 주장한다.

202 프로이트와 종교

eBook

권수영(연세대 기독상담센터 소장)

프로이트는 20세기를 대표할 만한 사상가이지만, 여전히 적지 않은 논란과 의심의 눈초리를 받고 있다. 게다가 신에 대한 믿음을 빼앗아버렸다며 종교인들은 프로이트를 용서하지 않을 기세이다. 기독교 신학자인 저자는 이 책을 통해 종교인들에게 프로이트가 여전히 유효하며, 그를 통하여 신앙이 더 건강해질 수 있다는 점을 보여 주려 한다.

427 시대의 지성 노암 촘스키

eBook

임기대(배재대 연구교수)

저자는 노암 촘스키를 평가함에 있어 언어학자와 진보 지식인 중 어느 한 쪽의 면모만을 따로 떼어 이야기하는 것은 불합리하다고 말한다. 이 책에서는 촘스키의 가장 핵심적인 언어이론과 그의 정치비평 중 주목할 만한 대목들이 함께 논의된다. 저자는 촘스키 이론과 사상의 본질에 다가가기 위한 이러한 시도가 나아가 서구 사상을 받아들이는 우리의 자세와도 연결된다고 믿고 있다.

024 이 땅에서 우리말로 철학하기

이기상(한국외대 철학과 교수)

우리말을 가지고 우리의 사유를 펼치고 있는 이기상 교수의 새로운 사유 제안서. 일상과 학문, 실천과 이론이 분리되어 있는 '궁핍의 시대'에 사는 우리에게 생활세계를 서양학문의 식민지화로부터 해방시키고, 서양이론의 중독으로부터 벗어나야 한다고 역설한다. 저자는 인간 중심에서 생명 중심으로의 변화와 관계론적인 세계관을 담고 있는 '사이 존재'를 제안한다.

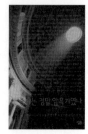

025 중세는 정말 암흑기였나 `eBook`

이경재(백석대 기독교철학과 교수)

중세에 대한 친절한 입문서. 신과 인간에 대한 중세인의 의식을 다루고 있는 이 책은 어떻게 중세가 암흑시대라는 일반적인 인식을 가지게 되었는지에 대한 물음을 추적한다. 중세는 비합리적인 세계인가, 중세인의 신앙과 이성은 어떠한 관계를 갖고 있는가 등에 대한 논의를 하고 있다.

065 중국적 사유의 원형 `eBook`

박정근(한국외대 철학과 교수)

중국 사상의 두 뿌리인 『주역』과 『중용』을 철학적 관점에서 접근한다. '산다는 것은 무엇인가?'라는 근원적 질문으로부터 자생한 큰 흐름이 유가와 도가인데, 이 두 사유의 흐름을 거슬러 올라가다 보면 그 둘이 하나로 합쳐지는 원류를 만나게 된다. 저자는 『주역』과 『중용』에 담겨 있는 지혜야말로 중국인의 사유세계를 지배하는 원류라고 말한다.

076 피에르 부르디외와 한국사회 `eBook`

홍성민(동아대 정치외교학과 교수)

부르디외의 삶과 저작들을 통해 그의 사상을 쉽게 소개해 주고 이를 통해 한국사회의 변화를 호소하는 책. 저자는 부르디외가 인간의 행동이 엄격한 합리성과 계산을 근거로 행해지기보다는 일정한 기억과 습관, 그리고 사회적 전통에 영향을 받는다는 사실로부터 시작한다는 점을 강조한다.

096 철학으로 보는 문화 `eBook`

신응철(숭실대 인문과학연구소 연구교수)

문화와 문화철학 연구에 관심 있는 사람을 위한 길라잡이로 구상된 책. 비교적 최근에 분과학문으로 등장하기 시작한 문화철학의 논의에 반드시 들어가야 할 요소를 선택하여 제시하고, 그 핵심 내용을 제공한다. 칸트, 카시러, 반 퍼슨, 에드워드 홀, 에드워드 사이드, 새무얼 헌팅턴, 수전 손택 등의 철학자들의 문화론이 소개된다.

097 장 폴 사르트르 `eBook`

변광배(프랑스인문학연구모임 '시지프' 대표)

'타자'는 현대 사상에 있어 가장 중요한 개념 중 하나이다. 근대가 '자아'에 주목했다면 현대, 즉 탈근대는 '자아'의 소멸 혹은 자아의 허구성을 발견함으로써 오히려 '타자'에 관심을 갖게 되었다. 그리고 타자이론의 중심에는 사르트르가 있다. 사르트르의 시선과 타자론을 중점적으로 소개한 책.

135 주역과 운명 `eBook`

심의용(숭실대 강사)

주역에 대한 해설을 통해 사람들의 우환과 근심, 삶과 운명에 대한 우리의 자세를 말해 주는 책. 저자는 난해한 철학적 분석이나 독해의 문제로 우리를 데리고 가는 것이 아니라 공자, 백이, 안연, 자로, 한신 등 중국의 여러 사상가들의 사례를 통해 우리네 삶을 반추하는 방식을 취한다.

450 희망이 된 인문학 `eBook`

김호연(한양대 기초·융합교육원 교수)

삶 속에서 배우는 앎이야말로 인간의 운명을 바꿀 수 있는 기회를 준다. 그래서 삶이 곧 앎이고, 앎이 곧 삶이 되는 공부를 하는 것이 무엇보다 중요하다. 저자는 인문학이야말로 앎과 삶이 결합된 공부를 도울 수 있고, 모든 이들이 이 공부를 할 수 있어야 한다고 믿는다. 특히 '관계와 소통'에 초점을 맞춘 인문학의 실용적 가치, '인문학교'를 통한 실제 실천사례가 눈길을 끈다.

eBook 표시가 되어있는 도서는 전자책으로 구매가 가능합니다.

024 이 땅에서 우리말로 철학하기 | 이기상

025 중세는 정말 암흑기였나 | 이경재 eBook

026 미셸 푸코 | 양운덕 eBook

027 포스트모더니즘에 대한 성찰 | 신승환 eBook

049 그리스 사유의 기원 | 김재홍 eBook

050 영혼론 입문 | 이정우

059 중국사상의 뿌리 | 장현근 eBook

065 중국적 사유의 원형 | 박정근 eBook

072 지식의 성장 | 이한구 eBook

073 사랑의 철학 | 이정은 eBook

074 유교문화와 여성 | 김미영 eBook

075 매체 정보란 무엇인가 | 구연상 eBook

076 피에르 부르디외와 한국사회 | 홍성민 eBook

096 철학으로 보는 문화 | 신응철 eBook

097 장 폴 사르트르 | 변광배 eBook

123 중세와 토마스 아퀴나스 | 박경숙 eBook

135 주역과 운명 | 심의용 eBook

158 칸트 | 최인숙 eBook

159 사람은 왜 인정받고 싶어하나 | 이정은 eBook

177 칼 마르크스 | 박영균

178 허버트 마르쿠제 | 손철성 eBook

179 안토니오 그람시 | 김현우

180 안토니오 네그리 | 윤수종 eBook

181 박이문의 문학과 철학 이야기 | 박이문 eBook

182 상상력과 가스통 바슐라르 | 홍명희 eBook

202 프로이트와 종교 | 권수영 eBook

289 구조주의와 그 이후 | 김종우 eBook

290 아도르노 | 이종하 eBook

324 실용주의 | 이유선

339 해체론 | 조규형

340 자크 라캉 | 김용수

370 플라톤의 교육 | 장영란 eBook

427 시대의 지성 노암 촘스키 | 임기대 eBook

441 소크라테스를 알라 | 장영란 eBook

450 희망이 된 인문학 | 김호연 eBook

453 논어 | 윤홍식 eBook

454 장자 | 이기동 eBook

455 맹자 | 장현근 eBook

456 관자 | 신창호 eBook

457 순자 | 윤무학 eBook

459 사주(四柱) 이야기 | 이지형 eBook

467 노자 | 임헌규 eBook

468 한비자 | 윤찬원 eBook

469 묵자 | 박문현 eBook

470 나는 누구인가 | 김용신 eBook

475 버트런드 러셀 | 박병철

476 에드문트 후설 | 박인철

477 공간 해석의 지혜, 풍수 | 이지형

478 이야기 동양철학사 | 강성률

479 이야기 서양철학사 | 강성률

480 독일 예몽주의의 유학적 기초 | 전홍석

㈜살림출판사

www.sallimbooks.com

주소 경기도 파주시 문발동 522-1 | 전화 031-955-1350 | 팩스 031-955-1355